AI 전환 절대 공식

성공하는 기업들의 AX 실전 플레이북

성공하는 기업들의 AX 실전 플레이북

AI 전환 절대 공식

제1판 1쇄 인쇄 | 2026년 1월 23일
제1판 1쇄 발행 | 2026년 1월 30일

지은이 | 김건우
펴낸이 | 하영춘
펴낸곳 | 한국경제신문 한경BP
출판본부장 | 이선정
편집주간 | 김동욱
책임편집 | 한소영
저작권 | 백상아
홍보마케팅 | 김규형·서은실·이여진·박도현
디자인 | 현예림

주   소 | 서울특별시 중구 청파로 463
기획편집부 | 02-360-4556, 4584
홍보마케팅부 | 02-360-4595, 4562 FAX | 02-360-4837
H | https://bp.hankyung.com   E | bp@hankyung.com
F | www.facebook.com/hankyungbp
등   록 | 제2-315(1967.5.15.)

ISBN 978-89-475-0241-2 (03320)

책값은 뒤표지에 있습니다.
잘못 만들어진 책은 구입처에서 바꿔드립니다.

AI 전환 절대 공식

성공하는 기업들의
AX 실전 플레이북

김건우 지음

한국경제신문

AI 기술을 공급하면서 가장 아쉬운 것은 최신 기술이 제대로 활용되지 못하는 현실이다. 이 책은 도구 우선 접근의 함정을 지적하면서 외부 생태계를 전략적으로 활용하는 플러그인 전략의 가치를 강조한다. 분명, AI 파트너십의 교과서가 될 것이다.

_**강환빈** 한국마이크로소프트 부문장

80% 실패율이라는 냉혹한 현실 뒤에 숨겨진 구조적 문제를 낱낱이 분석하고 이를 넘어서는 구체적 로드맵을 제시한다. 저자가 현장에서 직접 부딪히며 체득한 통찰이 책 전반에 녹아 있다. 날카롭고 실용적인 전략서다.

_**정찬욱** 딜로이트컨설팅코리아 AI & Data 본부장(전무)

AX의 본질은 기술 도입이 아닌 인간 중심의 문제 정의에 있다. 이 책은 현장의 고통점을 해결해 실질적 비즈니스 성과를 만드는 명확한 해법을 제시한다. AI의 가치를 증명하려는 리더들에게 정교한 나침반이 되어주리라 생각한다.

_**김지현** 현대오토에버 DX센터장

생성형 AI 시대, 기업의 진짜 고민은 '어떻게 조직에 안착시킬 것인가?'다. 이 책은 린 성장, 표준화, 플러그인이라는 세 기둥 위에서 AX가 DNA로 자리 잡는 과정을 생생한 사례와 함께 보여준다. 기술 도입의 본질을 꿰뚫는 책이다.

_**임은영** LG CNS 에이전틱(Agentic) AI 사업담당

이 책은 AI 전환의 실패 패턴을 정밀하게 해부해 성공으로 가는 항로를 그려낸다. 현장의 생생한 경험과 전략적 프레임워크가 결합된 이 책은 AI를 기업의 핵심 경쟁력으로 만들고자 하는 모든 리더를 위한 최고의 지침서다.

_**이오준** 가톨릭대학교 일반대학원 인공지능학과 조교수

늘 학생들에게 강조한다. 기술은 도구일 뿐, 문제를 정의하는 것은 인간이라고. 이 책은 그 원칙을 비즈니스 현장에서 어떻게 구현하는지 보여준다. 실패의 해부학부터 성공의 플레이북

까지 이론과 실천이 균형 있게 담긴 드문 책이다.

_김강민 가톨릭대학교 인공지능학과/데이터사이언스학과 교수

학계는 기술 진보에 집중하지만 현장에서는 왜 적용이 안 되는 지가 더 큰 고민이다. 저자는 실패의 패턴을 과학적으로 분석하고 성공의 공식을 체계적으로 제시한다. 결정론적 IT와 확률론적 AI의 차이를 이해하는 것만으로도 값진 책이다.

_윤석빈 서강대학교 AI-SW 대학원 특임교수 및 트러스트커넥터(Trust Connector) 대표

개인적으로 저자와의 협업은 AI 전환이 어떻게 현실이 되는지 체험한 과정이었다. 저자가 말하는 AI 협곡을 쌍방향 협업을 통해 무사히 건널 수 있었다. 이 책의 통찰이 독자들의 조직에도 실질적 변화를 가져다줄 것이라 확신한다.

_이장혁 고려대학교 경영대학 교수 및 알리고(Aligo)AI 대표

이론과 실무 사이 간극이 AI 분야에서 특히 크다. 이 책은 그 간극을 정확히 메운다. 학문적 깊이와 실무 경험이 자연스럽게 어우러져 MBA 과정 AX 교재로 쓰고 싶을 만큼 체계적이고 현장감이 살아 있다.

_최재호 맥케이(MCCAAi) 대표

기업을 운영하면서 AI가 현장을 어떻게 바꿀 수 있는지 늘 고민했다. 거창한 혁신 대신 가장 아픈 곳을 찾아 작게 시작하라는 조언은 기업 CEO에게 특히 와닿는다. 모든 기업의 AI 숙제를 해결해줄 기대가 되는 책이다.

_**장인우** 선인자동차·고진모터스·세영모빌리티 대표

문화예술 영역에서도 AI 활용 논의가 뜨겁지만 '어떻게'에 대한 답은 막막했다. 인간을 중심으로 한 문제에서 출발하라는 철학은 예술 경영에도 고스란히 적용된다. 업종을 불문하고 변화를 두려워하는 이들에게 용기를 주는 책이다.

_**정재훈** 전 경기도문화의전당 사장

신기루 앞에서
길을 잃은 모두에게

이 책은 '우리는 왜 이토록 똑똑한 기술 앞에서 길을 잃고 마는가?'라는 질문에서 시작되었다. 나는 지난 수년간 AI 전환AI transformation·AX 프로젝트를 진행하면서 수많은 가능성이 사라지는 과정을 현장에서 목격했다. 동료들의 좌절과 막대한 예산 낭비, 그리고 혁신이라는 이름 아래 반복되는 공허한 외침.

이 모든 것이 기술의 실패는 결코 아니었다. 기술이 약속하는 새 시대와 비즈니스 현실 사이의 간극, 즉 깊은 '협곡'에 빠진 사람들의 실패로 보였다. 나를 포함해 수많은 직업인들의 실패, 기업 내 작은 팀 단위의 실패, 거대 글로벌 기업의 실패를 기록하고 일종의 반성문을 적기 시작했다.

반성문을 다 적고 나니 하나의 지도가 완성되었다. 깊은 협곡 앞에 선 이들에게 건넬 지도다. 지도에는 AX라는 아득하고 깊은 협곡을 단번에 건너는 비법 같은 건 없다. 오히려 가장 큰 장애는 한 번에 모든 것을 바꾸겠다는 조급함과 AI만 도입하면 된다는 믿음이다. 나는 거창한 구호 대신 '작은 시작(Small Start)'을 강조하고 싶다. 화려한 기술을 좇기보다 동료의 어려움에 귀 기울이는 것에서 혁신이 출발한다고 믿어서다. 조직이 처한 가장 시급한 문제 하나를 해결하는 작은 시도에서 모든 변화가 시작된다고 생각한다. 그러므로 앞으로 펼쳐질 이야기는 기술에 관한 것이 아니라, 기술을 다루는 사람들에 관한 이야기다. 여기에는 AI라는 도구로 어떻게 효과적인 작업 환경을 창조할 것인지 고민하는 개발자가 나온다. 자동화를 통해 단축한 업무 시간이 어떻게 지속 가능한 수익으로 연결되는지 증명해야 하는 관리자가 나온다. AI가 내린 결정의 최종 책임을 누가 져야 하는지에 답해야 하는 임원이 나온다. 모두가 AX 과정에서 꼭 필요한 답을 찾아야 하는 사람들이다. 다시 말하면 우리 모두가 AX에 필수적 역할을 해야만 한다.

어쩌면 성공보다도 실패가 많이 나오는 이 책이 AX 과정에서 겪는 막막함을 용기로, 불안을 확신으로 바꾸는 계기가 되기를 바란다. 이 이야기는 과거 협곡 앞에서 길을 잃었던 나 자신을 위한 지도이기도 했으니까. 이제 각자 확신의 로드맵을 만들어나갈 시간이다.

2026년 1월

김건우

목차

모두가 금을 캐러 나섰지만

2024년 봄, 정적이 흐르는 대기업 중역 회의실이었다. 평소에는 곧잘 들려오던 창밖 소음이 내 귀에 들리지 않았다. 세상이 멈춘 것은 아닌가 싶었지만 다행히 그런 건 아니었다. 대신 끔찍히도 무거운 침묵이 흘렀다.

바로 몇 분 전에는 AX 프로젝트 팀원들이 수개월간의 노력이 집약된 이른바 '전사 AI 어시스턴트' 시연을 마친 상황이었다. 그들의 얼굴에는 해냈다는 자부심과 기대감이 어려 있었다.

전사 AI 어시스턴트라는 시스템은 단순히 특정 영역, 특정 상황에만 대응하기 위해 만든 챗봇 chatbot이 아니었다. 최신 거대언어모델 large language model·LLM과 검색증강생성 retrieval-augmented generation·RAG 기술을 결합해 수십 년간 축적된 방대한 내부 문서를 학습시킨 회사의 모든 것을 아는 '두뇌'다. 우리 팀은 이 시스템이 어떤 질문에도 논리적인 답변을 생성하는 완벽에 가까운 AI 솔루션이라고 자부했다. 특히 기업 내에서 가장 보수적이라 할 수 있는 법무팀과 함께 수많은 검증을 거쳤기에 자신감은 높았다.

하지만 시연 내내 무표정하게 스크린을 응시한 후 가장 먼저 입을 뗀 것은 바로 그 법무팀 임원이었다. 그의 나지막한 목소리는 회의실 분위기를 가라앉혔다. 그는 기술의 발전에 대해서는 거리낌 없이 칭찬했다. 그러나 잠시 말을 멈추고 팀원들의 얼굴을 찬찬히 둘러보았다. 그 짧았던 침묵의 순간이 그때는 끝나지 않을 것처럼 길게 느껴졌다. 그는 말했다. "그래서, 이 AI가 제안한 계약서 검토 의견을 믿고 수천억 원짜리 인수합병 M&A 계약서에 최종 도장을 찍을 수 있겠습니까?"

아무도 대답하지 않았다. "만약 AI의 판단으로 인해 회사에 막대한 손해가 발생하면 그 법적 책임은 누가 집니까? 이 시스템입니까, 아니면 당신들 팀입니까?" 이번에도 아무도 대답하지 않았다. 아니, 대답하지 못했다.

기술 혁신의 화려함 뒤에 가려져 있던 거대한 현실이 드러난 참이었다. 우리는 AI가 생성한 답변의 정확성에만 몰두했을 뿐, 그 답변에 누군가의 책임이 동반되어야 한다는 사실을 간과했다. 기술적 완벽성이라는 목표에 집중한 나머지 AI를 실제로 사용해야 할 '사람의 신뢰'와 그들의 고유한 '업무 방식'이라는 두 가지 근본적인 요소를 놓치고 만 것이다. 기술의 잠재력과 비즈니스 현실 사이에 존재하는 거대한 단절을 목격한 순간이었다. 우리는 AX의 성공과 실패를 가르는 깊은 협곡을 마주했다.

AI 골드러시

당시 내게 일어난 일은 산업에 종사하는 거의 모두가 지금도 겪고 있는 하나의 일화일 뿐이다. 현재 전 세계 거의 모든 기업 회의실에서 AI를 핵심 안건으로 다루며, 미디어에서는 AI가 가져올 가까운 미래에 대한 가설을 끊임없이 쏟아내고 있다. AI는 더 이상 IT 부서의 주제가 아니라 모든 부서가 다루고 대응해야 하는 최고 경영진의 핵심 전략 과제가 되었다.

이로 인해 많은 기업에서 명확한 사업 계획 없이 경쟁사도 하니까 우리도 해야 한다는 압박감 속에서 AI 프로젝트를 시작한다. 가시적이고 빠른 결과물을 우선시하는 조급한 분위기가 시작부터 조성된다.

마치 19세기 미국 서부 골드러시 시대가 재현되는 듯하다. 1848년 1월 24일 제임스 마셜이 캘리포니아주 새크라멘토 인근에서 우연히 금을 발견한 이후, 이 소식이 퍼져나가고 본격적인 골드러시가 시작된 1849년 수십만 명의 '포티나이너스 Forty-Niners'(이들을 '49년도 사람들'이라 부른다. 그만큼 골드러시는 1849년을 비롯해 이후 수십 년을 압도하는 사건이었다)가 서부로 몰려들었다. 흥미로운 점은 실제로 큰 부를 축적한 사람들의 면면이다. 금을 직접 캔 사람보다는 리바이 스트라우스 Levi Strauss처럼 광부들에게 튼튼한 청바지를 판매한 사람, 사무엘 브래넌 Samuel Brannan처럼 곡괭이와 삽을 판매한 상인, 웰스파고 Wells Fargo의 창업자들처럼 금융 서비스를 제공한 이들이 큰 이득을 챙겼다. 당시 "금광에서 가장 확실한 성공 방법은 곡괭이를 파는 것"이라는 격언이 생겨나기도 했다. 놀랍지 않은가? 골드러시라고 하면 당연히 금을 캐서 떼부자가 된 사람들을 떠올린다. 그러나 세상은 생각하는 것보다 훨씬 복잡하다.

오늘날 AI를 둘러싸고 그와 유사한 패턴이 반복되고 있다. 엔비디아 NVIDIA가 AI 시대의 곡괭이와 삽에 해당하는 그래픽처리장치 graphics processing unit·GPU를 판매하며 역사상 최초로 시가총액 5조 달러를 돌파한 것이나, 클라우드 서비스를 제공하는 아마존웹서비스 AWS, 애저 Azure, 구글클라우드플랫폼 GCP이 새로운 웰스파고가 된 것은 우연이 아니다. 1849년 골드러시의 수혜를 받은 샌프란시스코가 700여 명이 사는 작은 마을에서 2만5000명 인구의 도시로 급성장했듯이 실리콘밸리는 AI 스타트업의 메카로 다시 태어났다. 마치 AI 골드러시다.

당시 사람들이 금맥을 찾아 서부로 향했던 것처럼 오늘날 기업들은 AI 영역에서 새로운 기회를 찾고 있다. 그러나 역사가 우리에게 가르쳐준 교훈이 있다. 캘리포니아에서 실제로 골드러시에 뛰어든 30만 명 중 단 몇 천 명만이 의미 있는 수익을 올렸다는 사실이다. 이는 현재 AI 비즈니스에서도 현실화되고 있다.

수많은 연구 결과와 분석이 AI가 비즈니스 중심으로 이동했음을 증명하므로 이에 대해서는 더 말할 필요가 없다. 내가 말하고자 하는 바는 막대한 투자와 기대감에도 불구하고 기술의 도입과 실질적인 비즈니스 가치를 창출하는 것 사이에 존재하는 거대한 협곡에 관해서다. 이 협곡의 존재는 높은 도입률과 실망스러운 투자수익률 return on investment·ROI 사이의 격차가 잘 말해준다. 골드러시 시대의 교훈처럼 성공의 열쇠는 금을 캐는 것이 아니라 금을 캐려는 사람들에게 무엇이 필요한지 아는 것에 있다.

진보의 착시

지난 몇 년간 비즈니스 현장은 'AI 열풍'이란 말로 요약할 수 있다. 스탠퍼드대학교가 발표한 보고서에 따르면 2024년 기준 최소 하나 이상의 사업 기능에 AI를 도입한 기업 비율은 78%에 달한다.[1] 이는 2023년 55%에서 폭발적으로 증가한 수치로, 기술 채택 역사상 유례를 찾기 힘든 상승세다. 특히 생성형 AI를 정기적으로 사용하는 기업은 71%에 이른다. 실제로 83%의 기업이 AI를 비즈니스 최우선 과제로 꼽았으며 『포춘(Fortune)』이 선정한 500대 기업 모두가 AI를 업무에 통합하려 시도하고 있다.[2]

열풍의 기저에는 뒤처짐에 대한 공포, 즉 포모 fear of missing out·FOMO가 깔려 있다. 경쟁사가 AI를 도입했다는 소식은 기업 리더들에게 무언가 하지 않으면 도태될 거라는 압박감을 심는다. 이러한 불안은 글로벌 AI 민간 투자가 2023년 대비 26% 성장하며 2024년 사상 최고치를 경신한 상황과 무관하지 않다. 특히 생성형 AI 투자는 폭발적으로 증가했다.

문제는 이러한 시장의 열기가 명확한 가치 창출 전략 없이 기술 도입 자체에만 골몰하는 '열풍 주도 도입 hype-driven adoption' 현상을 낳았다는 점이다. 단 1년 만에 도입률이 23% 포인트나 급증했다는 사실은 AI 열풍의 주기가 과거 기술들이 보여준 성장 파동보다 훨씬 급격한 형태로 진행되고 있음을 의미한다. 이처럼 압축된 성장은 기업들이 충분한 사업적 고민 없이 방어적 투자를 결정하게 만들며, 이는 높은 실패율의 원인이 된다. 과거 닷컴 버블 시기에 모든 기업이 홈페이지를 만들었던 것처럼 지금은 AI 챗봇을 만들고 생성형 AI 계정을 배포하는 것이 혁신처럼 여겨진다.

얼어붙는 투자수익률

화려한 도입률 이면에는 막대한 투자에도 불구하고 AI를 통해 실질적인 비즈니스 가치를 창출하는 데 성공한 기업이 극소수에 불과한 엄중한 현실이 도사린다. 기술을 도입하는 단계와 성과를 거두는 단계 사이에 존재한 깊은 협곡 때문이다.

맥킨지 McKinsey&Company의 보고서는 이 현실을 숫자로 보여준다. 거의 모든 기업이 AI에 투자했지만, 전사적 차원에서 AI를 성공적으로 활용해 높은 'AI 성숙도'에 도달한 기업은 겨우 1%에 불과하다.[3] AI 도입으로 5% 이상의 의미 있는 영업이익 개선을 경험한 기업도 17%에 그쳤다.[4] AI로 비용 절감 효과를 본 기업들도 대부분 10% 미만의 미미한 수준에 머물렀으며, 매출 증대를 경험한 기업들도 가장 흔한 수치가 5% 미만이었다.[5] 이는 100개 기업 중 83개 기업이 뚜렷한 재무적 성과를 거두지 못했다는 의미다.

협곡은 시간이 지날수록 더욱 깊어져간다. S&P글로벌마켓인텔리전스의 조사에 따르면, 시작한 AI 프로젝트 대부분을 중도에 포기한 기업 비율이 2024년 1년 만에 17%에서 42%로 두 배 이상 급증했다.[6] 개념 증명 proof of concept·PoC 단계에 도달한 프로젝트 중 46%가 실제 운영 단계로 나아가지 못하고 '파일럿 무덤'에 갇히고 만다. 더욱이 랜드연구소 RAND Corporation의 분석 결과, AI 프로젝트의 최종 실패율은 80%를 넘어서며, 이는 IT 프로젝트 실패율의 두 배에 달한다.[7] 『MIT 테크놀로지리뷰(*MIT Technology Review*)』에 따르면, 생성형 AI 파일럿 프로젝트의 95%가 측정할 만한 수익을 내지 못하고 실패한다.[8]

진보의 착시와 냉혹한 현실을 정리하면 [표 1]과 같다. 반복적인 대규모 실패는 예산 낭비로 끝나지 않고 조직 전체에 보이지 않는 상처를 남긴다. 큰 기대와 함께 시작된 프로젝트가 성과 없이 중단되면 조직 전체에 AI 기술에 대한 불신과 냉

[표 1] AI 도입 현실

구분	착시(허상 지표)	현실(가치 지표)
조직 도입률	78% 기업이 최소 1개 기능에 AI 사용	1% 기업만이 높은 AI 성숙도 달성
생성형 AI 사용률	71% 기업이 정기적으로 생성형 AI 사용	17% 기업만이 5% 이상 영업이익 개선 경험
프로젝트 착수	대다수 기업이 AI 개념 증명 착수	42~46%의 개념 증명이 생산 단계에 이르지 못하고 중단됨
파일럿–생산 전환율	AI 파일럿에 대한 높은 기대감 형성	80% 이상의 AI 프로젝트가 가치 창출 실패

소주의가 퍼지기 때문이다. 경영진은 추가 투자에 보수적으로 변하고, 현업 직원들은 보여주기식 프로젝트에 대한 저항감이 커진다. 이렇게 조직에 새겨진 실패의 경험은 향후 더 잘 계획된 AI 프로젝트마저 가로막는 걸림돌로 작용해 실패의 악순환을 시작하게 한다.

협곡에 빠지는 세 가지 이유

많은 기업이 막대한 자원과 인재를 투입하고도 성공을 눈앞에 둔 듯한 시점에서 협곡을 건너지 못하는 이유는 기술 자체가 아닌, 기술을 다루는 방식에 문제가 있기 때문이다. 실패에 직면하는 기업들은 거의 동일한 세 가지 근본적인 원인을 공유한다.

첫째, 전략의 부재다. 즉 방향과 목적지 없이 항해를 시작하는 것이다. 어떻게 그럴 수 있느냐고? 바로 이런 경우다.

보스턴컨설팅그룹 BCG의 보고서에 따르면, AI를 성공적으로 활용하는 선도 기업들은 AI가 창출하는 가치의 62%를 핵심 비즈니스 프로세스에서 얻는 반면, 대다수 기업들은 비용 절감이나 지원 기능 자동화에만 집중해 제한적인 성과를 거둔다.[9] 물론 비용을 줄이고 반복 업무를 자동화하는 것은 기업의 매우 중요한 성과다. 하지만 AI의 무궁무진한 잠재력을 여기에만 가두는 것은 마치 최신형 슈퍼컴퓨터를 사서 계산기로만 쓰는 것과 같다.

한 예로 '전사 디지털 전환 digital transformation·DX 업무 효율화'와 '신규 AI 비즈니스 모델 발굴' 과제를 거의 동시에 기획하고 진행했던 적이 있는데 당시 둘의 목표와 접근 방법은 서로 상당히 달랐다.

DX와 마찬가지로, AI를 이용한 비즈니스라고 하면 기존에 하던 업무를 더 빠르게 처리하거나 비용을 줄이는 것으로 생각하기 쉽다. 수작업으로 하던 데이터 입력을 자동화하는 것은 분명히 유용하고 필요한 일이지만, 이것은 결국 기존의 문제를 '더 빨리 푸는' 수준에 머무는 것이다.

신규 AI 비즈니스 모델 발굴은 슈퍼컴퓨터의 압도적인 연산 능력으로 지금까지 상상조차 못 했던 새로운 문제를 발견하고 풀어내는 것이다. 예를 들어 수백만 고객의 데이터를 실시간으로 분석해 각 개인에게 맞는 신제품을 예측하고 추천하는 서비스 같은 경우다. 이것은 기존에 없던 새로운 가치를 창출하고 시장의 판도를 바꾸는 전략적 변곡점이 된다.

기업 대부분은 AI라는 슈퍼컴퓨터를 손에 쥐고도 익숙한 계산기처럼 사용하다가 "AI로 고작 이 정도밖에 못하나?"라며 실망한다. 이것이 바로 AI 도입에서 가장 흔히 잘못 끼우는 첫 단추다. 즉 전략이 부재하다. 또한 너무 많은 AI 프로젝트를 우선순위 없이 동시에 진행하며 자원을 분산시키는 실수를 저지르기도 하는데 이 역시 전략이 부재한 것이나 다름 없다. 앞선 BCG의 보고서는 성공하는 기업은 평균 3.5개의 핵심 과제에 집중하는 반면, 그렇지 못한 기업은 평균 6.1개의 과제를 의욕적으로 동시에 진행하고는 결국 성과를 내지 못한다고 밝힌다.

둘째는 사람과 문화에 대한 투자 부족이다. 많은 리더가 AI 도입을 기술적 문제로만 생각한다. 그러나 AI 도입 성공의 70%는 사람과 프로세스, 문화의 변화에 달려 있다. 그럼에도 전체 기업의 94%가 직원의 4분의 1도 안 되는 인원에게만 AI 관련 교육을 실시했으며, 관리자의 30%, 일선 직원의 28%만이 AI가 자신들의 업무를 어떻게 변화시킬지에 대한 교육을 받았다.[10] 또한 80%의 기업은 프로젝트의 성과를 판단할 명확한 핵심성과지표 key performance indicator·KPI조차 설정하지 않고 있다. 현장 직원들은 자신의 일이 AI로 대체될 거라는 두려움과 새로운 기술 학습에 부담을 느끼지만 리더들은 변화에 대한 조직적 저항을 제대로 관리하지 못하고 있다.

셋째는 데이터 준비 부족이다. AI의 핵심 언료인 데이터가 준비되지 않은 상태에서 AI를 가동하려는 시도가 많이 보인다. 한 연구에 따르면 오직 12% 기업만이 보유 데이터가 AI에 즉시 활용될 수 있을 만큼 충분한 품질을 갖추고 있다고 응답했다. [11] 초창기 컴퓨터 산업 시대에 회자된 "쓰레기를 넣으면 쓰레기가 나온다(Garbage in, garbage out)"는 말처럼 품질 낮은 데이터는 AI 프로젝트를 시작부터 실패로 이끄는 근본적인 원인이다.

이 세 가지 원인은 서로 연결되어 악순환의 고리를 만든다. 명확한 전략이 없으니 무분별한 파일럿 프로젝트가 생겨나고(첫째 원인), 이는 인력 교육과 변화 관리에 필요한 자원을 고갈시킨다(둘째 원인). 부족한 자원으로 인한 불안함이 단기 성과에 대한 조급함으로 연결되면서 시간이 오래 걸리는 데이터 준비 과정을 생략하게 만든다(셋째 원인). 결국 준비되지 않은 데이터와 낮은 사용자 수용도로 인해 프로젝트는 실패하고, 이는 경영진의 회의론을 키워 향후 제대로 된 전략 수립을 더

욱 어렵게 한다. 조직은 이렇게 실패의 순환 고리에 갇힌다.

협곡을 건너는 가장 확실한 방법

다시 회의실로 돌아가보자. 당시 냉랭했던 분위기는 몇 달 후 반전의 분위기로 바뀌었다. 전사 AI 어시스턴트라는 거대 혁신 담론에서 벗어나 법무팀이 가장 힘들어하던 하나의 문제, 즉 수백 쪽에 달하는 M&A 계약서들의 독소 조항을 빠르고 정확하게 비교 분석하는 작업에 모든 역량을 집중했다.

몇 주 만에 완성된 프로토타입은 법무팀의 핵심 업무 시간을 획기적으로 줄여주었고, 눈에 보이는 이 작은 성공은 이전의 어떤 화려한 시연보다 더 강력한 설득력을 발휘했다. 그제야 법무팀은 AI를 불신의 대상이 아닌 업무를 돕는 동료로 인식하기 시작했고 AI의 강력한 지지자가 되었다.

자, 그동안 기업 현장에서 수많은 AI 프로젝트를 경험하며 연마한 실전 플레이북을 제시하고자 한다. 이는 실제 비즈니스 현장에서 증명된 현실적인 로드맵이다.

전략의 핵심 철학은 명확하고 단순하다.

'작게 시작하고(Small Start), 검증된 성공을 확보하며(Solid Success), 이를 정교하게 확산하라(Smart Scaling).'

시작은 AI 도입 실패의 주된 원인인 거대 담론이나 기술적 완벽주의에서 벗어나는 것이다. '전사적 AI 혁신'이라는 막연한 구호 대신, 조직이 겪고 있는 가장 구체적이고 시급한 문제 하나를 해결하는 데 모든 역량을 집중하는 것이다. 뒤에서 더 말하겠지만, 이는 그동안 리더들의 성공 방식과는 전혀 다른 접근 방식이다.

이 방식은 전문 산악인이 산 정상을 정복하는 방식과 놀랍도록 유사하다. 아마추어는 처음부터 정상까지 한 번에 오르는 꿈을 꿀지 모른다. 하지만 전문가는 정상에서 한참 먼 낮고 안전한 곳을 신중히 골라 베이스캠프를 설치한다. 그리고 가장 확실한 경로를 탐색해 첫 봉우리를 등반한 뒤, 그 경험을 바탕으로 더 높은 정상을 향해 나아간다.

이 전략은 다음과 같은 3단계 프레임워크로 구성된다.

1단계, 작은 시작(Small Start) | 첫 베이스캠프 구축
수십억 원의 예산이 필요한 거대 프로젝트 대신 4~8주 안에 최소 자원으로 해결할 수 있으면서 명확한 비즈니스 효과가 있는 '고통점 pain point' 하나를 찾는다. 이 문제를 해결하는 가장 효율적인 AI 최소기능제품 minimum viable product·MVP을 신속하게 구축해 작지만 의미 있는 첫 승리를 확보한다. 전략 부재와 과도한 프로젝트 분산 문제를 해결하는 첫걸음이다.

2단계, 검증된 성공(Solid Success) | 성공 루트의 지도화

첫 성공을 통해 얻은 데이터와 조직 내 신뢰를 바탕으로 성공 모델을 체계화하고 다음 성공을 위한 기반을 마련한다. 이 단계에서는 AI 거버넌스 AI governance를 수립하고 기술 스택 tech stack을 표준화하며 성공 사례를 중심으로 관련 업무 프로세스를 재설계한다. 이는 기술과 현업 사이의 간극, 즉 사람·프로세스·문화의 간극을 메우는 과정이다.

3단계, 정교한 확장(Smart Scaling) | 모든 봉우리 정복

검증된 성공 모델을 조직 전체로 확산시켜서 개별 프로젝트의 합을 넘어서는 시너지를 창출한다. AI 개발과 운영을 산업화하는 'AI 팩토리 AI factory' 모델을 구축해 AI를 일부 팀의 실험이 아닌 조직 전체의 핵심 역량으로 차곡차곡 내재화한다. 이는 데이터 준비 부족 문제를 규모의 경제를 통해 해결하고 지속 가능한 AI 역량을 확보하는 최종 단계다.

이러한 단계적 접근법은 AI 프로젝트가 지닌 긴 투자 회수 기간, 높은 기술적 불확실성, 거대한 조직적 저항과 같은 위험을 관리할 수 있도록 설계되었다. 이제 막연한 기대감에서 벗어나 비즈니스의 가장 시급한 문제를 해결하는 작지만 확실

한 성공에서 시작해 조직 전체를 진정한 AI 기반 기업으로 변화시키는 구체적인 여정을 시작해야 한다.

이 책에서 안내하는 접근법은 AI라는 파도를 헤쳐나가는 모든 리더와 실무자에게 위험한 협곡을 건너게 해줄 신뢰할 수 있는 나침반이 될 것이다.

모두가 AI라는 새로운 게임을 낡은 DX 규칙으로
플레이하려다 똑같이 넘어지고 있다.
처음부터 잘못된 접근이 만들어내는 구조적인
문제다. 과거 IT 혁신의 성공 방정식을 AI라는
새로운 문제에 적용하지만, 이는 익숙한 도시의
지도를 들고 미지의 영역을 탐험하려는 것과 같다.
AX에 실패하는 세 가지 함정을 조심해야 한다.

1장

실패의 해부학

실패는 무작위로 일어나지 않는다. 실패에는 분명한 패턴이 있으며 그 패턴을 분석하면 성공으로 가는 길을 역으로 설계할 수 있다. 수많은 기업이 AI라는 거대한 바다에서 항해에 나서지만 대부분은 항상 같은 자리에 있는 암초에 부딪혀 좌초한다.

지난 10여 년간 제조업부터 식품, 바이오, 마케팅에 이르는 다양한 산업군에서 여러 AI 프로젝트를 직접 기획하고 실행해오면서 나는 이상한 현실을 마주했다. 기업들은 비슷한 질문을 던지고, 비슷한 방식으로 실패한다.

가장 흔한 질문은 이런 것들이다. "우리도 챗지피티

ChatGPT 같은 걸 만들 수 있나요?", "경쟁사가 AI를 도입했다는데 우리는 언제 시작하나요?", "AI로 인건비를 얼마나 줄일 수 있을까요?" 이런 질문들의 공통점은 AI를 도구가 아닌 목적 그 자체로 바라본다는 점이다.

더 흥미로운 건 산업군이 바뀌어도 실패의 패턴은 거의 동일했다는 점이다. 석유화학 기업이든 식품 기업이든 광고 대행사든 제약사든 AI 프로젝트가 좌초되는 지점은 놀라울 만큼 비슷하다. 기술은 다르지만 조직이 마주하는 근본적인 도전 지점은 같다.

이 장에서는 다양한 사례에서 실패의 구조를 정밀하게 해부해보려 한다. 먼저, 기업들이 반복적으로 빠지는 세 가지 고질적인 함정을 재조명한다. 그리고 그 함정들이 필연적으로 마주하는 장벽들을 분석하고 문제의 기저에 깔린 AI 기술의 본질적 특성에 대해 파고든다. 이 과정을 통해 왜 그토록 많은 선의의 노력과 막대한 투자가 기대했던 성과로 이어지지 못했는지 근본적인 원인을 이해해보자.

놀랍도록 유사한 실패의 방식

실패의 기억은 대부분 선명하다. 전사 AI 어시스턴트 프로젝트의 발표가 막 끝난 회의실. 기술적으로는 지식관리시스템 knowledge management systems·KMS과 기계독해 machine reading comprehension·MRC, 검색증강생성을 결합한 최신 아키텍처였기에 팀원들의 자신감은 확고했다. 회의실 한쪽에서 조용히 듣고 있던 바이오 사업부 임원이 손을 들기 전까진. 그는 수십 년간 신약 연구개발 R&D에 몸담아온 베테랑이었다.

"김 팀장님, 아주 흥미로운 기술입니다. 그런데 만약 이 AI가 지난 20년간의 연구 데이터와 특허 문서를 요약해서 신약 후보 물질을 추천했는데, 그 과정에서 AI가 누구도 인지하지 못하는 미세한 오류를 만들었다고 가정해봅시다. 우리는 그 추천을 믿고 2년간 수백억 원의 연구비를 썼고요. 나중에 그것이 잘못된 방향이었다는 것을 알게 되면 그 책임은 누가 집니까? 이 시스템입니까, 아니면 우리 연구원들입니까?"

기시감이 느껴지지 않는가? 지난밤 꿈에서 본 악몽이 아니다. 앞서 말했던 전사 AI 어시스턴트 발표 현장에서 나온 법무팀 임원의 질문과 정확히 같은 지점에 관한 지적이다.

산업 분야가 다르고 기술이 달라도 조직은 항상 같은 함정에 빠진다. 기획개발팀은 기술의 가능성에 환호했지만 그 결과에 대한 책임을 져야 하는 현업의 신뢰를 얻는 일은 요원했다. 이후 나는 한 가지 질문에 사로잡혔다. '이 책임의 간극은 우리 회사만의 문제일까?' 이 질문에 대한 답을 찾기 위해 본격적으로 실패한 프로젝트들의 무덤을 파헤치기 시작했다.

세 가지 고질적 함정의 재조명

기술 잠재력과 현업인이 지닌 신뢰 사이의 간극은 과연 얼마나 많은 기업이 공통적으로 겪고 있는 문제일까? 답을 찾기 위해 국내외 컨설팅 보고서와 시장 분석 자료를 닥치는 대로 읽기 시작했다. 그리고 발견한 사실은 놀라웠다. 우리의 고민은 결코 특별한 것이 아니었다!

AI 시대의 역설은 전례 없는 투자와 도입 열기 속에서 성공하는 기업은 극소수에 불과하다는 점이다. 거의 모든 기업이 AI를 도입했지만 실제 돈을 버는 데 성공한 기업은 극소수라는 자료는 넘쳐났다. 이 중에서 내게 가장 충격적으로 다가온 숫자는 랜드연구소의 분석 결과였다. AI 프로젝트의 최종 실패율이 80%를 넘어선다는 것. 앞서 말했듯 이는 전통적 IT

프로젝트 실패율의 두 배에 달하는 수치다(이제 IT에 '전통적'이라는 수식어가 아무렇지도 않게 달린다). 야심 찬 AI 프로젝트 중 8할이 예산만 낭비한 채 사라진다는 뜻이다.

개인의 실수가 아니다. 모두가 AI라는 새로운 게임을 낡은 규칙으로 플레이하려다 똑같이 넘어지고 있다. 나는 이 거대한 실패의 패턴 뒤에 숨겨진 공통적인 원인을 찾아야만 했다. 그 해답은 가장 흔하게 발견되는 세 가지 함정 속에 있었다.

다시 말해, 실패 사례들을 들여다보면 규모나 업종과 상관없이 유사한 패턴이 반복된다. 실무자의 실수가 아니라 처음부터 잘못된 접근이 만들어내는 구조적인 문제다. 많은 리더들이 과거 IT 혁신의 성공 방정식을 AI라는 새로운 문제에 적용하지만 이는 익숙한 도시의 지도를 들고 미지의 영역을 탐험하려는 것과 같다. 문제는 성공으로 건너가는 길에서 마주치는 협곡이 시간이 갈수록 깊어지고 있다는 사실이다.

함정 1. 빅뱅 접근법의 환상

가장 흔하면서 치명적이기도 한 함정은 처음부터 전사적인 통합 AI 플랫폼을 구축하거나, 모든 업무 프로세스를 한 번에 바꾸려는 '빅뱅 Big Bang' 방식이다. 이는 깊은 협곡을 단 한 번의 도약으로 건너려는 시도와 같아 대부분 처참한 실패로 이어진다. 특히 과거 전사적 자원관리 enterprise resource planning·ERP 시스템 도입 경험이 있는 리더일수록 이 함정에 빠지기 쉽다. 그들은 AI 전환 역시 하나의 거대 프로젝트로 완수할 수 있다고 믿지만 이는 AI 기술의 본질을 오해한 것이다. 일반적인 디지털 전환 프로젝트조차 80% 이상 목표 달성에 실패하는데, 여기에 AI라는 기술의 예측 불가능성까지 더해지면 실패 가능성은 더욱 높아진다.

제너럴일렉트릭 GE의 '프레딕스 Predix'가 보여준 실패는 이 함정의 위험성을 여실히 드러낸다.[1] 2010년대 초, GE는 스스로 '디지털 산업 기업'으로 재정의하며 수십억 달러를 투자해 산업용 사물 인터넷 industrial Internet of things·IIoT 플랫폼 프레딕스를 개발했다. 항공기 엔진부터 발전소 터빈까지 모든 산업 기계의 데이터를 분석해 고장을 예측하고 효율을 최적화하는 산업계의 표준 운영체제를 목표로 했다.

이 거대한 비전은 처음에는 긍정적인 평가를 받았지만 빅뱅 접근법의 구조적 결함을 그대로 드러내며 무너졌다.

첫째, 너무 복잡했다. '모든 산업을 위한 운영체제'라는 광범위한 목표는 오히려 초점을 흐렸다. 항공, 에너지, 헬스케어 등 각기 다른 고객의 요구를 단 하나의 플랫폼으로 만족시키는 것은 불가능에 가까웠다. 누구도 전체를 이해하기 어려울 정도로 거대해진 프로젝트는 시장에서 외면받았다.

둘째, 조직의 거센 저항에 부딪혔다. GE는 120여년 역사의 제조업 문화를 하루아침에 디지털 우선 문화로 바꾸려 했다. 현장의 엔지니어들은 갑작스러운 변화에 냉소적이었다. 한 베테랑 엔지니어는 "지난 30년간 현장에서 터빈을 만져온 우리에게 갑자기 코딩을 하라는 말입니까? 현장은 당신들이 만든 대시보드 속 숫자처럼 움직이지 않습니다"라며 울분을 토했다.[2] 관리자들은 역할과 권한 축소를 우려해 비협조적이었다. 기술 도입이 조직 문화의 변화 속도와 발맞추지 못하면서 프레딕스는 GE 기업 내부에서조차 제대로 활용되지 못했다.

마지막으로, 이 모든 문제들로 인해 동력을 잃었다. AI 프로젝트가 수익을 내기까지 평균 18개월에서 24개월이 걸리지만 분기별 실적을 중시하는 경영진과 투자자들은 기다려주지 않았다. 프레딕스는 막대한 초기 투자에도 단기간에 가시적인 수익을 내지 못했고, 최고 경영자 CEO의 관심은 멀어지고 예산 압박은 커졌다. 결국 이 프로젝트는 70억 달러에 달하는 손실을 남긴 채 사실상 실패로 끝났다.

이토록 거대한 프로젝트가 왜 실패할 수밖에 없었을까? ERP 컨설턴트와 AI 솔루션 기획자로 일한 경험에 비추어 본다면 이렇다.

전통적 ERP 프로젝트는 도심에 100층짜리 빌딩 짓기와 같다. 빌딩을 지을 때는 착공 전에 완벽하고 상세한 설계도가 반드시 필요하다. 땅(요구사항)은 단단하게 고정되어 있고, 물리학 법칙(프로그래밍 규칙)은 명확하며, 변수 대부분을 사전에 계산하고 통제할 수 있다. 그리고 수많은 빌딩을 지어본 경험이 축적되어 예측 가능성도 높다. 이런 환경에서는 빅뱅 접근법, 즉 거대하고 완벽한 사전 계획이 매우 효과적이다.

하지만 AI 프로젝트는 아무도 가본 적 없는 미지의 정글 탐험과 같다. 출발 전에 완벽한 지도를 그리는 것은 아예 불가능하다. 어디에 강이 흐르고 어떤 위험이 도사리고 있는지 아무도 모른다. 탐험의 성공은 완벽한 사전 계획이 아니라, 작은 정찰조(PoC)를 먼저 보내 안전한 길을 찾고, 중간에 베이스캠프를 만들며(Solid Success), 예상치 못한 상황에 민첩하게 대응하는 능력에 달려 있다.

GE의 근본적인 실수는 '미지의 정글 탐험'이라는 과제를 '100층 빌딩 짓기' 방식으로 접근했다는 점이다. 프레딕스 프로젝트의 치명적인 구조적 결함이라고 말할 수 있으며, 120여 년간 제조업이라는 빌딩 짓기에 세계 최고였던 GE는 그 성공 방정식이 AI라는 정글에서 통하지 않을 것임을 이해하지 못했다. 잘못된 접근법은 필연적인 문제들을 낳기 마련이다.

이런 대규모 실패는 재무적 손실 이상의 상처를 남긴다. 이를 '실행 부채 implementation debt'라고 일컫는다. 화려하게 시작된 프로젝트가 성과 없이 중단될 때 조직의 '혁신 신용도'는 하락한다. 조직 전체에 AI 기술에 대한 불신과 냉소주의가 퍼진다. 경영진은 추가 투자에 보수적으로 변하며 현업 직원들은 다음 변화에 대한 저항감이 커진다. 첫 번째 거대한 실패가 다음의 현명하고 가능성 높은 시도마저 가로막는 실패의 악순환을 만드는 것이다.

통합 플랫폼의 늪에 빠진 대기업들

2020년대 초, 나는 여러 대기업에서 유사한 프로젝트와 접근법을 목격했다. 기업들은 'AI 기반 전사 통합 플랫폼'이라는 이름으로 영업·생산·물류·재무를 아우르는 시스템을 단일 프로젝트로 구축하려 시도했다. 그러나 대부분 1년이 지나도 가시적 성과가 나오지 않았다. 모든 것을 아우르는 시스템을 한 번에 구축하려는 시도에서 문제는 예견되었는지 모른다.

각 부서는 서로 다른 우선순위를 주장했다. 영업팀은 고객 응대 시간 단축을 원했지만 생산팀은 설비 가동률 최적화에 관심이 있는 식이었다. 모든 요구를 담으려다 보니 프로젝트는 복잡도만 높아졌고 전체가 완성되어야 부분도 기능하는 구조 때문에 중간 성과를 확인하는 일조차 어려웠다.

더 심각한 문제는 프로젝트 중단 이후다. 막대한 투자 대비 실제 비즈니스 기여도가 미미하자 조직 전체에 AI에 대한 냉소주의가 확산되었다. 한 번의 실패로 향후 2~3년간 조직의 혁신 의지가 얼어붙는 과정을 여러 차례 목격했다.

물론 성공한 프로젝트도 있었다. 처음부터 AI 기반 전사 통합 플랫폼을 목표하지 않고 가장 시급한 문제 하나에 집중했던 프로젝트였다. 한 예가 앞서 말했던 법무팀의 계약서 검토 업무를 개선하는 일이었다. M&A 계약서 검토에는 평균 2~3주나 소요되는데, 계약 건수는 점점 증가하고 있어 법무팀은 언제나 과부하에 시달렸다. 계약서 핵심 조항을 자동 추출하고 비교하는 프로토타입은 완벽하지 않았지만 결과적으로 계약서 검토 시간을 절반으로 단축시켰다. 이러한 프로토타입을 만드는 데 걸린 시간은 6주에 불과했다.

이 작은 성공은 조직에 두 가지를 증명했다.

첫째, AI가 실제로 도움이 된다.

둘째, AI를 가지고도 빠르게 결과를 낼 수 있다.

이후 인사관리팀의 채용 공고 작성, 마케팅팀의 제품 설명 초안 작성 등으로 AI의 영역을 순차적으로 확대해나갔다. 12개월 후에는 여러 부서에서 AI를 일상적으로 활용하는 체계가 구축되었다.

한편, 빅뱅 접근법을 선택하는 조직들은 유사한 심리적 특성을 공유한다.

첫째, 한 번에 끝내고 싶다는 조급함이다. 기술적인 문제에서 비롯되는 조급함이 아니다. AI 프로젝트를 여러 번에 걸쳐 나누면 예산 승인이 어렵다는 행정적, 재정적 우려가 크게 작용한 탓이다. 밖에서 볼 때는 어처구니없는 이유로 보일지 모르지만 안타깝게도 현실에서는 전혀 그렇지 않다. 그러나 AI는 한 번에 끝낼 수 있는 프로젝트가 아니다. 지속적으로 학습하고 개선되는 살아 있는 시스템이다.

둘째, 작은 것은 가치 없다는 편견이다. 그러나 계약서 검토를 돕는 '작은' 기능 하나가 업무 시간을 60~70% 줄였다. 더 큰 가치는 이 작은 성공이 조직의 AI 신뢰도를 구축하는 첫걸음이 된다는 점이다. 소위 '대박'도 우선 첫발을 잘 내딛어야 칠 것 아닌가?

셋째, 완벽주의에 대한 맹목이다. 기업 사람들은 모든 예외 상황을 처리해야 AI 시스템을 배포할 수 있다고 생각한다. 하지만 확률론적 AI에서 모든 예외를 사전에 고려하는 것은 불가능하다. 80% 작동하는 시스템을 빠르게 배포하고 실제 피드백으로 개선하는 것이 현실적이다.

불완전함을 수용하는 용기

글로벌 빅테크 기업들의 성공 사례를 보면 이들의 공통점은 '불완전한' 첫 버전을 빠르게 출시한다는 점이다. '마케팅 콘텐츠 제작 AI 솔루션'을 개발할 때 이들 사례를 참고해 의도적으로 초기 버전을 6주 만에 내부 배포한 적이 있다. 이미지 생성 품질은 완벽하지 않았고 브랜드 가이드라인 자동 검수(AI가 생성된 콘텐츠가 기업의 로고 사용 규정, 지정 색상, 폰트 규격, 문구의 브랜드 일관성 등을 준수했는지 자동으로 확인하는 기능)도 70% 수준이었다. 하지만 디자이너들의 반응은 긍정적이었다. "완벽하진 않지만 초안을 만드는 시간이 절반으로 줄었다", "창의적 작업에 더 집중할 수 있게 되었다"는 피드백이었다. 어쩌면 완벽하지 않은 AI라서, 인간의 손과 머리가 필요한 AI라서 오히려 전문가의 부정적 반응이 덜 했을지도 모른다.

6개월 후, 실사용자 피드백을 반영해 개선한 솔루션은 해당 기업의 유럽 법인을 포함한 여러 고객사에 도입되어 실제 비즈니스 가치를 창출했다. 만약 처음부터 완벽한 시스템을 만들 때까지 기다렸다면 여전히 기획 단계에 머물러 있었을 것이다.

함정 2. 도구 우선 접근법의 착각

두 번째 함정은 최고의 AI 도구를 도입하면 모든 문제가 해결될 것이라는 착각이다. 좋은 칼을 쥐여주면 누구나 뛰어난 검객이 될 수 있다고 믿는 것과 같은 '도구 우선 tool-first' 접근법이다. 많은 기업이 최신 생성형 AI 서비스에 막대한 비용을 지출하지만 그 도구를 어떻게, 왜 사용해야 하는지에 대한 전략적 고민은 부족하다.

시장 현실은 분명한 사실을 드러내고 있다. 71%의 기업이 생성형 AI를 사용하지만 이를 통해 의미 있는 영업이익 개선을 경험한 기업은 17%에 불과하다. 앞서 언급했듯 왜 생성형 AI 파일럿 프로젝트의 95%가 측정 가능한 수익을 내지 못하고 실패할까?

챗봇의 비싼 거짓말

여기 어느 항공 챗봇의 아주 '비싼' 거짓말에 관한 사례를 살펴보자. 도구 우선 접근법이 어떻게 새로운 위험을 만드는지를 보여주는 사건이 바로 에어캐나다 Air Canada 챗봇 사례다.[3] 어느 고객이 할머니 장례에 참석한 후, 에어캐나다 웹사이트 AI 챗봇에 유족 할인 환불 정책에 대해 문의했다. 복잡한 규정을 직접 찾아볼 상황이 아니었기에 AI 챗봇의 도움을 받기로

한 것이다. 챗봇은 "예약 후 90일 이내에 환불을 신청할 수 있다"고 명확하게 답변했다.

고객은 이 정보를 믿고 나중에 환불을 신청했지만 에어캐나다는 "실제 정책은 항공편 탑승 이전에 신청해야 한다"며 환불을 거부했다. 고객은 결국 소송을 제기했고 캐나다 재판소는 판결문에서 "챗봇은 별개의 법적 주체가 아니며 웹사이트의 일부다. 에어캐나다는 웹사이트에 있는 모든 정보에 대해 설령 그것이 챗봇에 의해 생성된 정보라 할지라도 책임이 있다"고 판시했다. 결국 에어캐나다는 패소했고 이 판결은 기업이 AI가 생성한 정보에 대해서도 법적 책임을 져야 한다는 중요한 선례를 남겼다.

이 사례는 도구 우선 접근법의 치명적인 위험을 보여준다. 과거의 소프트웨어는 기능적 위험을 지녔지만 생성형 AI는 그럴듯한 틀린 정보를 만들어내는 '생성적' 위험을 내포하고 있다. 에어캐나다 챗봇은 학습한 데이터를 기반으로 잘못된 정보를 생성하는 '환각 hallucination' 현상을 일으킨 것이다. AI는 너무도 자신감 있게 잘못된 정보를 제공한다. 이 사건은 에어캐나다의 브랜드 신뢰도에 큰 타격을 주었다.

기업은 이제 자사 AI가 만들어낸 허위 정보로 인해 발생한 고객 손실에 대해서도 책임을 져야 한다. 허위 정보로 인한 문제뿐 아니라 명확한 가이드라인 없이 도구만 제공할 경우 직원들이 민감한 내부 정보를 외부 AI 서비스에 입력해 데이터 유출 사고로 이어질 위험도 크다. 전략과 거버넌스, 사용자 교육 없이 최신 도구를 도입하면 조직을 예측 불가능한 법적·재무적 위험과 예기치 못한 평판 하락의 가능성에 노출시킨다.

함정 3. IT 주도 접근법의 기술 과신

세 번째 함정은 AI를 순수한 기술 문제로만 간주하고 모든 기획과 개발을 IT 부서에만 맡기는 것이다. AI 프로젝트의 성공은 기술적 성능만으로 결정되지 않는다. 실제 사용자인 현업 부서의 수용성과 업무 프로세스 통합이 성패를 가르는 핵심 변수다. 액센추어 Accenture의 연구에 따르면 비즈니스팀과 기술팀이 AI 프로젝트를 공동으로 진행하는 기업은 그렇지 않은 기업에 비해 2.5배 높은 매출 성장을 달성한다.[4] IT 부서에만 AI 프로젝트 권한을 위임하면 AI는 기술 부서의 고립된 실험으로 전락하게 된다.

'IT 주도' 접근법의 실패를 가장 상징적으로 보여주는 사례는 아이비엠 IBM의 슈퍼컴퓨터 '왓슨포온콜로지 Watson for Oncology'다.[5] 흔히 '왓슨'이라 부르는 이 슈퍼컴퓨터를 IBM은 수십억 달러를 투자해 암 진단 및 치료법 추천 도구로 만들고

자 했다. 기술적으로 왓슨은 수백만 건의 의학 논문과 환자 데이터를 분석하고 최신 연구에 기반한 치료법을 제안하는 시스템이었다.

하지만 세계 최대 규모의 종합 암 치료 병원인 MD앤더슨 암 센터에 도입되었을 때 이 시스템은 현장의 의사들로부터 외면받았다. 세계적인 한 암 전문의는 "왓슨이 심각한 출혈 증상이 있는 환자에게 출혈을 더 유발할 수 있는 약물을 추천했다. 이것은 환자의 생명을 위협하는 명백한 오진이다. 이 추천을 그대로 따랐다면 끔찍한 일이 벌어졌을 것이다"라고 말했다.[6]

MD앤더슨 암 센터의 내부 문서를 통해 드러난 이 사례는 왓슨의 치명적인 약점을 보여주었다. 왓슨은 실제 환자 데이터가 아닌 소수의 가상 환자 데이터를 기반으로 훈련되었고, 그 결과 실제 임상 환경의 복잡성을 반영하지 못했다. 게다가 의사들은 왓슨을 위해 바쁜 와중에 별도의 시스템에 복잡한 데이터를 입력해야 했지만 왓슨이 어떤 근거로 특정 치료법을 추천하는지 그 논리적 과정을 투명하게 이해할 수 없었다. 환자의 생명이 달린 결정을 하는 데 이유를 설명할 수 없는 '블랙박스'의 조언을 따를 의사는 없다. 훌륭한 의사일수록 더 그렇다. 결국 이 프로젝트는 MD앤더슨 암 센터에 공식적으로 6200만 달러

[표 2] 세 가지 함정의 요약

함정	핵심 착각	실패를 부르는 핵심 원인	대표적인 실패 사례
빅뱅 접근법	"AI 전환은 하나의 거대한 통합 프로젝트로 완수할 수 있다."	과도한 복잡성, 조직적 저항, 동력 상실	제너럴일렉트릭 프레딕스
도구 우선 접근법	"최고의 AI 도구를 도입하면 문제는 해결될 것이다."	전략 부재, 새로운 유형의 법적/보안 리스크, 낮은 활용도	에어캐나다 챗봇
IT 주도 접근법	"AI는 IT 부서가 해결해야 할 기술 문제다."	현업과 단절, 도메인 지식 부재, 낮은 사용자 수용성	IBM 왓슨 포온콜로지

의 손실을 남긴 채 실패로 끝났다.

이 사례는 AI 시대에 전문성의 가치가 어떻게 변하는지를 보여준다. 강력한 AI는 인간의 전문성을 대체하는 것이 아니라 그 가치를 증폭시킨다. AI는 데이터 처리와 패턴 인식을 자동화하지만 그 결과를 비즈니스 맥락 context에 맞게 해석하고 검증하며 실제 업무와 통합하는 능력은 인간 전문가만이 지닐 수 있다. AI는 전문가를 위한 강력한 증강 도구가 될 때 가장 큰 힘을 발휘하며 사람들은 전문가를 대체하는 AI가 아니라 전문가의 능력을 증강하는 AI를 원한다.

넘어야 하는 세 개의 벽

앞서 살펴본 세 가지 함정은 AI라는 새로운 영역을 둘러싼 거대하고 보이지 않는 세 개의 장벽에 부딪힌 결과다. 이 장벽들은 서로 맞물려 실패의 악순환을 만들어낸다. 첫 번째 벽에 부딪힌 프로젝트는 추진력을 잃고 표류하다 두 번째 벽과 충돌하게 되고 결국 세 번째 벽 앞에서 동력을 상실한 채 실패한다. 성공적인 AX는 세 개의 벽, 즉 조직의 벽·기반의 벽·가치의 벽을 체계적으로 인식하고 허무는 과정이다.

장벽 1. 조직의 벽(전략과 문화의 부재)

AI 도입 실패의 가장 근본적인 벽은 기술이 아닌 조직 내부에 있다. 바로 명확한 전략과 변화를 수용하는 문화의 부재다. 수많은 기업이 최첨단 알고리즘에 투자하지만 그 기술을 어디로 어떻게 이끌고 가야 할지에 대한 방향이 없는 경우가 많다. 방향을 잃은 AI는 값비싼 사치품에 불과하다.

성공적인 AX는 CEO의 직접적인 관심과 참여에서 시작한다. AI는 기술 문제가 아니라 경영 문제이기 때문이다. 하지만 현실에서 30% 미만의 기업만이 CEO가 직접 AI 의제를 후원한다고 답했다. [7] 리더의 관심이 부재한 상황에서 AI 프로젝트는 각 부서의 이해관계에 따라 파편화된다. 마케팅팀, 생산팀, 재무팀이 각자 AI를 도입하는 식이다. 이러한 파편화된 도입은 중복 투자와 자원 낭비로 이어진다. 앞서 말했듯 성공하는 기업들은 평균 3.5개의 핵심 과제에 AI 역량을 집중하는 반면, 성과를 내지 못한 기업들은 평균 6.1개의 과제를 벌여 놓고 지원을 분산시킨다. 전략 없는 AI는 방향을 잃은 배와 같다.

아무도 쓰지 않는 15억 원짜리 AI 비서

조직의 벽이 어떻게 막대한 투자를 낭비하게 하는지 보여주는 국내의 모 기업의 사례가 있다. 그 기업은 최고 기술 책임자 CTO의 주도하에 15억 원 예산을 투입해 사내 AI 어시스턴트를 개발했다. 사내 모든 문서를 학습해 어떤 질문이든 답변하는 것이 목표였다. CTO는 결과물에 만족했고 전사 공개를 결정했다.

하지만 현업 부서의 반응은 냉담했다. 마케팅 팀장은 "AI가 써준 광고 카피는 우리 브랜드의 고유한 목소리를 전혀 담아내지 못한다. 영혼 없는 번역기 같다"고 평했다. 영업팀은 "AI가 제안하는 고객 응대 스크립트는 우리 고객관계관리 customer relationship management·CRM 시스템과 연동되지 않아 모든 고객 정보를 수동으로 다시 입력해야 한다. 일이 두 배로 늘었다”며 불만을 표했다. 법무팀의 문제는 더 심각했다. “AI가 제공하는 법률 자문의 근거를 알 수 없다. 어떤 판례를 참고했는지 투명하게 보여주지 않아 이 조언을 믿고 계약서를 검토할 수는 없다”라고 지적했다.

결국 이 프로젝트는 아무도 사용하지 않는 시스템으로 전락했다. 실패의 원인은 개발 과정에서 실제 사용자인 현업 부서의 의견을 듣고 통합하는 과정을 거치지 않았기 때문이었다. 각 부서의 고유한 업무 맥락, 요구사항 그리고 신뢰라는 문제가 전혀 고려되지 않았다. 기술의 실패라기보다 경영의 실패, 조직의 실패였다.

장벽 2. 기반의 벽(데이터와 인프라의 현실)

조직의 전략적 방향성이 정해져도 AI를 구동할 데이터와 인프라가 준비되어 있지 않다면 실행이 불가능하다. 많은 기업이 화려한 AI 모델을 꿈꾸지만 수십 년간 방치된 데이터와 낡은 IT 시스템이라는 현실에 발목이 잡힌다.

“쓰레기를 넣으면 쓰레기가 나온다.” 즉 쓰레기 데이터가 들어가면 쓰레기 결과가 나온다는 말로 바꿔 이야기할 수 있다. 나아가 AI 시대에 이 격언은 “쓰레기를 넣으면 쓰레기가 증폭되어 나온다(Garbage in, garbage amplified out)”로 수정되어야 한다. AI는 잘못된 데이터를 기반으로 잘못된 결과를 내놓고 그 잘못된 결과를 빠른 속도로 확산시켜 조직 전체의 의사결정을 오염시키기 때문이다. 작은 편견을 입력한 것 치고는 엄청난 규모의 피해다.

안타깝게도 오직 12%의 조직만이 자신들의 데이터가 AI에 활용될 충분한 품질을 갖추고 있다고 응답한다.[8] 대다수 AI 도입 기업이 사실상 부실한 기반 위에서 프로젝트를 진행하고 있다는 의미다. 기업의 데이터는 부서별로 파편화되어 있고 형식이 다르며 중요한 정보가 누락된 경우도 많다. 이 때문에 AI 프로젝트에 걸리는 전체 시간의 80%가 모델링이 아닌 데이터 정제 및 준비 작업에 소요된다는 것은 잘 알려진 사실이다.

데이터 속 메아리

아마존이 개발했던 AI 채용 도구는 기반의 벽이 얼마나 치명적인지를 보여주는 대표적인 사례다.[9] 아마존은 과거 10년간의 입사 지원서 데이터를 학습시켜 인재를 선별할 AI를 만들었다. AI는 과거 데이터에서 성공적인 입사자들의 공통된 패턴을 정확하게 학습했다.

문제는 데이터 자체에 있었다. 과거 10년간 아마존의 기술 직군 데이터에는 남성 지원자가 압도적으로 많은 역사적 편향이 담겨 있었다. AI는 악의 없이 단지 편향된 데이터를 성실하게 학습했을 뿐이다. AI는 편향을 그대로 학습하고 '여성'이라는 단어가 포함된 이력서에 불이익을 주는 명백한 성차별적인 모델이 되었다. 결국 아마존은 이 프로젝트를 공식적으로 폐기했다.

이 사례는 중요한 교훈을 준다. AI는 중립적인 기술이 아니다. AI는 데이터를 통해 조직의 역사와 문화를 학습한 조직의 거울이다. 만약 조직의 역사에 편향이 존재했다면 그 데이터로 학습한 AI는 그 편향을 자동화하고 강화하는 기계가 될 뿐이다.

데이터 준비 부족의 문제는 아마존만의 이야기가 아니다. 몇 년 전 한 기업의 전사 AI 지식검색 시스템을 구축할 때 내가 마주한 현실 역시 크게 다르지 않았다. 프로젝트 초기 우리 팀은 20년간 축적된 사내 문서를 AI가 학습하도록 계획했다. 기술적으로는 검색증강생성 파이프라인을 구성하고 기계독해 기술을 적용하면 되는 단순한 문제처럼 보였다. 하지만 실제 데이터를 열어본 순간 프로젝트 일정표는 무의미해졌다.

법무팀의 계약서는 대부분 종이 문서로만 보관되어 있었고 이를 디지털화하기 위해 광학문자인식 optical character recognition·OCR 솔루션을 시범 적용해보니 텍스트 인식 정확도가 60%에 불과했다. 스캔한 문서의 품질이 일정하지 않고 손 글씨와 도장이 섞여 있어 문자 인식이 제대로 되지 않기도 했다. 연구개발팀의 연구 문서는 담당자마다 다른 양식을 사용했고, 핵심 정보가 어디에 있는지 일관성이 없었다. 마케팅팀의 캠페인 보고서는 파일명조차 체계가 없어서 '최종_최최최종_진짜최종.pptx' 같은 파일들이 난무했다. 가장 심각한 것은 인사관리팀의 데이터였다. 직급 체계가 부서마다 바뀌었는데 데이터는 새 체계로 변환되지 않은 채 있었다.

AI에게 이런 데이터를 학습시킨다는 것은 철자법이 엉망인 책들을 주고 "이걸 읽고 시험을 봐"라고 하는 것이다. 다분히 잘못되고 억울한 일이다. 결국 프로젝트 전체 기간 6개월 중 4개월을 데이터 정제에 써야 했다. 기술적으로 혁신적인 AI 모델을 만드는 데 오롯이 쓴 시간은 고작 2개월이었다.

쓰레기 증폭 현상으로 실제 일어나는 일

또 다른 사례로 신약 개발 과정에서 기존 임상시험 데이터를 분석해 성공 가능성을 예측하는 AI를 만들고 싶어 하는 국내 한 제약사의 AI 컨설팅을 의뢰받아 검토한 일이 있었다. 그들은 이미 6개월간 프로토타입을 개발했고 모델의 정확도는

85%라고 자신했다.

하지만 실제 데이터를 보자마자 심각한 문제를 발견했다. 과거 10년간의 임상시험 데이터에는 중요한 편향이 숨어 있었다. 성공한 시험은 상세하게 기록되어 있지만 실패한 시험은 기록이 부실했다. 실패 원인을 제대로 분석하지 않았기 때문이다. 이 불균형한 데이터를 학습한 AI는 성공 패턴은 정교하게 인식해도 실패 신호는 제대로 감지하지 못했다.

더 심각한 문제는 이 AI가 85%의 정확도로 신약 후보를 추천하고 있다는 점이다. 겉으로는 높은 정확도지만 실제로는 실패할 가능성이 높은 후보에 대해 '침묵하는 오류'를 양산한 셈이다. 만약 이 시스템을 그대로 사용했다면 그 제약사는 수억 원의 연구비를 잘못된 방향에 투자했을 것이다.

이것이 바로 "쓰레기를 넣으면 쓰레기가 증폭되어 나온다"라는 격언의 현실판이다. AI는 나쁜 데이터를 단순히 재현하는 데 그치는 것이 아니라 그 편향을 더 크게, 더 빠르게, 더 확신에 찬 태도로 확산시킨다.

숨은 비용

국내 어느 기업에서 디지털 영업 플랫폼을 구축할 때 일이다. 당시 우리 팀은 전 세계 6개 사업부, 20개 해외법인의 고객 데이터를 통합해야 했다. 각 법인은 제각기 다른 CRM 시스템을 사용했고 고객 정보를 기록하는 방식도 달랐다. 한국 본사에서는 고객사 명을 한글로 입력했지만 유럽 법인은 영문으로, 중국 법인은 간체자로 입력했다. 같은 회사인데 시스템상으로는 서로 다른 세 개의 고객으로 보였다.

이런 데이터를 정제하고 표준화하는 작업은 기술적 문제가 아니라 정치적 문제였다. 각 법인은 자신들의 방식을 고수하려 했고 누구도 추가 업무를 하고 싶어하지 않았다. 결국 전사 합의를 이끌어내고 데이터 거버넌스 체계를 수립하며 실제 정제 작업을 완료하는 데 프로젝트 예산의 40%가 투입되었고 기간의 50%를 소요했다.

많은 기업이 AI 프로젝트 예산을 책정할 때 이 숨은 비용을 간과한다. 화려한 AI 모델 구매 비용과 개발자 인건비는 계산하지만 데이터를 AI가 이해할 수 있는 형태로 만드는 데 드는 시간과 비용은 과소평가한다. 업계에서는 "AI 프로젝트의 8할은 데이터 작업"이라는 말이 있다. 나의 경험으로도 이것은 과장이 아니라 현실이다.

미국 금융기업 모건스탠리는 데이터 준비를 AI 프로젝트의 핵심 인프라로 접근했다. 그들은 AI 모델 개발보다 먼저 수십 년간 축적된 투자 보고서, 시장 분석 자료, 고객 상담 기록을 체계적으로 정리하는 데 2년을 투자했다.

단순히 데이터를 모은 것이 아니라 데이터가 생성되는 순간부터 품질을 관리하는 파이프라인을 구축했다. 새로운 보고서가 작성될 때마다 자동으로 메타데이터가 태깅 tagging 되고 표준 양식에 맞춰 저장되며 AI가 학습하기 적합한 형태로 변환되었다. 이 과정에서 자연어 처리 기술을 활용해 문서의 핵심 주제를 자동 분류하고 중복된 정보를 제거했다.

2023년 모건스탠리는 이렇게 준비한 데이터를 기반으로 'AI 금융 어드바이저'를 출시했다. 40년 치 투자 전략 문서를 학습한 이 AI는 담당자가 몇 시간씩 검색해야 했던 과거 사례를 몇 초 만에 찾아주었고 고객 포트폴리오에 맞는 투자 전략을 제안했다. 시스템 구축 기간은 6개월에 불과했다. 이미 데이터가 준비되어 있어 가능했던 일이다.

모건스탠리 사례는 중요한 교훈을 준다. 데이터 준비는 AI 프로젝트의 비용이 아니라 자산에 대한 투자다. 한번 제대로 구축해두면 이후 모든 AI 프로젝트의 속도와 성공률이 극적으로 향상된다.

장벽 3. 가치의 벽(투자와 ROI의 딜레마)

조직적, 기술적 준비를 마쳐도 마지막 관문, 가치의 벽을 넘어야 한다. 즉 ROI를 증명하고 지속적인 지원을 확보해야 한다. 아무리 혁신적인 아이디어라도 비즈니스 가치를 입증하지 못하면 살아남을 수 없다.

2026년 현재 AI 시장은 역설적인 상황에 놓여 있다. 기업들은 전례 없는 규모로 투자하고 있지만 그에 상응하는 가치를 회수하는 데는 실패하고 있다. 앞에서도 계속해서 말했지만 생성형 AI를 통합하려는 기업의 시도 중 95%가 측정 가능한 수익을 내지 못하고 실패했다. 수많은 아이디어가 개념 증명 단계에서 가능성을 보여주고도 실제 사업으로 이어지지 못하고 사라지는 '파일럿 지옥' 현상을 겪는다.

파일럿 프로젝트가 항상 성공적인 것처럼 보이는 이유는 소수의 전담 팀이 통제된 환경에서 진행하기 때문이다. 이들은 수작업으로 소량의 데이터를 정제하고(기반의 벽 회피), 조직의 복잡한 정치나 프로세스에 구애되지 않고 실험한다(조직의 벽 회피). 하지만 파일럿의 성공을 기반으로 전사 확대를 시도하는 순간 프로젝트는 현실 세계의 저항에 부딪힌다. 회사의 실제 데이터는 품질이 낮았고(기반의 벽 직면), 현업 부서의 저항은 거셌으며(조직의 벽 직면), 기존 시스템과의 통합은 어려웠다. 결국 파일럿 단계에서 예측했던 ROI는 신기루처럼 산산이 사라지고 프로젝트는 동력을 잃고 벽에 가로막힌다. 파일럿 지옥에서 열심히 계산기를 두들겨봤자 손익계산서는 맞춰지지 않는다.

똑똑한 AI가 어리석은 비즈니스를 만났을 때

부동산 플랫폼 질로우 Zillow가 엄청난 사업 손실을 기록한 사례는 가치의 벽을 넘지 못하면 어떤 일이 벌어지는지를 잘 보여준다.[10] 질로우는 앞선 두 개의 벽을 넘어선 것처럼 보였다. 명확한 비즈니스 전략(부동산 직접 매매)이 있었고, 업계 최고 수준의 주택 가격 예측 AI 모델이라는 기술 기반도 갖추고 있었다. 하지만 결과는 수억 달러의 손실과 사업 철수였다.

AI는 잘못이 없었고 매우 정확하게 주택 가격을 예측했다. 문제는 AI가 증폭시킨 사업 모델 자체의 결함이었다. 질로우의 AI가 시장 가격보다 높은 매입가를 제시할 때만 주택 소유주들은 집을 팔았다. 반대로 AI가 시장 가격보다 낮은 가격을 제시하면 소유주들은 그 제안을 거절했다. 본질적으로 질로우는 시장을 상대로 항상 불리한 게임을 하고 있었던 것이다. 가장 정확한 정보를 가진 사람이 오히려 손해를 보는 '승자의 저주'에 빠진 셈이다.

AI는 마법사가 아니라 증폭기다. AI는 무에서 가치를 창조하지 않으며 기존 비즈니스 모델이나 프로세스에 내재된 가치(혹은 결함)를 극대화할 뿐이다. 만약 구조적 결함이 있는 비즈니스 모델에 AI를 적용한다면 AI는 더 빠르고, 더 큰 규모로 실패하도록 도울 뿐이다. 따라서 리더가 던져야 할 질문은 "우리 AI가 얼마나 똑똑한가?"가 아니라 "우리 비즈니스는 AI가 증폭시킬 만큼 가치 있는가?"다.

AI가 IT 프로젝트가 아닌 이유

지금까지 살펴본 모든 실패는 잘못된 생각의 틀에서 비롯되었다. 우리는 근본적으로 다른 두 종류의 시스템을 같은 방식으로 다루려는 범주 오류를 저지르고 있다.

지난 수십 년간 우리는 결정론적 시스템을 구축하고 관리하는 데 익숙해졌다. ERP, 회계 시스템 같은 전통적 IT 시스템들은 명확한 규칙에 따라 예측 가능한 결과를 내놓는다. 입력값이 같으면 출력값도 항상 같다. 이 확실성의 세계에서 우리는 모든 요구사항을 사전에 정의하고 설계도에 따라 개발하는 폭포수 모델 waterfall model 방식으로 프로젝트를 관리해 왔다.

하지만 AI, 특히 기계학습 machine learning·ML은 본질적으로 확률론적 시스템이다. AI는 사전에 프로그래밍한 규칙을 따르는 것이 아니라 방대한 데이터를 통해 스스로 패턴을 학습하고 이를 기반으로 가장 가능성이 높은 결과를 예측하거나 생성한다. 일기예보가 "내일 비가 올 확률은 80%입니다"라고 예측할 뿐 "내일 반드시 비가 옵니다"라고 단언하지 않는 것과 마찬가지다.

결정론적 시스템을 관리하던 방식으로 확률론적 시스템을 통제하려는 시도는 잘 만들어진 종이 지도를 들고 예측 불가능한 바다를 항해하려는 것만큼이나 무모하다. 아무리 훌륭한 지도일지라도 변화무쌍한 파도와 바람, 해류로 가득한 바다에서는 유용하지 않다.

앞서 살펴본 고질적 함정들은 바로 이 패러다임의 충돌이 빚어낸 결과물이다. 빅뱅 접근법은 예측 불가능한 상황에서 완벽한 계획을 미리 세우려는 시도다. AI의 진짜 능력은 정해진 명세서를 끊는 일이 아니라 데이터를 통해 실험하고 학습하는 과정에서 예상치 못한 답을 발견하는 데 있기 때문이다. GE의 실패는 한번의 완벽한 도입을 꿈꾸는 일이 얼마나 무용한지를 보여준다.

도구 우선 접근법은 최신 장비만 있으면 누구나 훌륭한 전문가가 될 수 있다고 믿는 착각으로, 에어캐나다 챗봇 사례

[표 3] 결정론적 시스템 대 확률론적 시스템

속성	IT 시스템(결정론적)	AI 시스템(확률론적)
핵심 논리	규칙 기반, 사전 프로그래밍	패턴 기반, 데이터로 학습
결과물	단 하나의 정확하고 반복 가능한 정답	신뢰도 점수를 동반한 예측, 추천 또는 생성물
프로젝트 목표	정해진 기준(요구사항)을 충족하는 시스템 구축	원하는 비즈니스 성과를 달성하는 시스템 육성
관리 방식	계획 중심, 선형적 (예: 폭포수 모델)	실험 중심, 반복적 (예: 린(lean), AI모델운영체계)
'완료'의 정의	시스템이 출시되어 설계대로 작동함	시스템은 결코 '완료'되지 않고, 지속적으로 모니터링되고 개선됨
핵심 리스크	시스템 다운, 버그, 기능 오류	부정확한 결과, 숨겨진 편향, 예측 불가능한 '환각'
비즈니스 예시	ERP 시스템, 회계 소프트웨어	수요 예측, 고객 이탈 예측, 생성형 AI 챗봇

는 확률론적 AI가 만들어내는 예측 불가능한 환각 현상에 대한 법적 책임이 기업에 있음을 보여준다.

IT 주도 접근법은 모든 결정을 기술자에게만 맡기는 것으로, IBM 왓슨의 사례는 AI가 내놓는 확률적 결과물이 현장의 맥락 없이는 의미가 없음을 여실히 드러낸다. 환자를 다루는 의사가 신뢰할 수 없는 AI의 치료법 조언은 아무 소용이 없다.

AI는 단순히 더 빠르고 똑똑한 IT가 아니다. 그것은 완전히 다른 종류의 존재이며 따라서 철저히 다른 관리 철학과 접근법을 요구한다.

두 세계가 충돌할 때

문제는 조직 대부분이 IT와 AI라는 두 세계의 근본적인 차이를 인식하지 못한 채 지난 수십 년간 성공을 보장했던 결정론적 관리 방식을 확률론적 AI 프로젝트에 적용하면서 발생한다. 지난 40년간 IT 혁명을 이끌었던 성공 방정식이 오늘날 실패의 원인이 되는 역설에 빠진 것이다.

마치 잘 닦인 경주용 도로를 위해 설계된 자동차를 거친 비포장도로로 몰고 가는 모양새다. 타이어는 헛돌고 차체는 망가진다. 자동차의 성능이 아무리 뛰어나도 환경이 바뀌면 무용지물이 되고 결국 사고로 이어진다. 지금 AI를 도입하는 수많은 기업이 바로 이런 상황에 놓여 있다. 그들은 최고의 기술을 가졌다고 믿지만 자신들이 달리고 있는 길이 완전히 다른 종류의 길이라는 사실을 깨닫지 못한다.

앞서 살펴본 함정과 장벽은 모두 이 거대한 패러다임의 충돌, 즉 결정론이라는 낡은 지도와 확률론이라는 새로운 영토 사이의 불일치가 빚어낸 결과물이다. 이제부터 그 충돌의 현장을 좀더 살펴보겠다.

완벽한 계획의 허상

첫 충돌은 결정론적 사고방식인 빅뱅 접근법에서 발생한다. 빅뱅 접근법은 프로젝트의 모든 변수를 사전에 통제하고 예측할 수 있다는 믿음에 기반한다. 전통적 IT 프로젝트에서는 상세한 요구사항 정의서(시스템이 갖춰야 할 기능, 성능 기준, 사용자 인터페이스, 데이터 구조 등을 사전에 명확히 문서화한 것)를 바탕으로 청사진을 그리는 것이 가능했다. 하지만 AI의 능력은 데이터를 통해 학습하는 과정에서 창발적 emergent으로 발견된다. 직접 해보기 전까지는 그 잠재력과 한계를 정확히 알 수 없다.

AI의 세계에서 완벽한 계획을 세우려는 건 불안정한 땅 위에 빌딩을 지으려는 것이나 다름없다. 기초 공사를 하는 동안 땅의 모양이 계속해서 바뀐다. GE의 프레딕스는 수십억 달러를 투자해 모든 것을 미리 계획하고 통제하려 했지만 이는 확률론적 세계의 복잡성을 무시하고 결정론적 청사진을 강요했을 때 어떤 결과가 나오는지를 보여줬을 뿐이다.

빅뱅 접근법은 불확실성을 사전에 제거하려는 시도라는 점에서 근본적인 오류를 안고 있다. AX의 올바른 접근법은 불확실성을 제거하는 것이 아니라 작고 빠른 실험을 통해 불확실성을 '관리'하고 그 속에서 새로운 방법을 배우는 것이다.

통제 불가능한 확률의 위험

두 번째 충돌은 최신 AI 도구를 도입하면 모든 문제가 해결될 것이라는 도구 우선 접근법에서 발생한다. 이는 확률론적 AI를 계산기나 워드프로세서 같은 결정론적 소프트웨어와 동일시하는 착각에서 비롯된다. 우리는 워드프로세서가 입력하지 않은 단어를 스스로 만들어낼 것이라고 걱정하지 않지만 AI는 다르다. 리더들은 도구를 구매하고 배포하면 생산성이 오를 것이라 기대하지만 AI의 확률론적 특성은 예기치 않은 위험한 결과를 낳을 수도 있다.

결정론적 소프트웨어가 잘 훈련된 안내견이라면 확률론적 AI는 세상의 말을 더 비슷하게 따라하되 때로는 부적절한 말을 내뱉는 앵무새와 같다. 에어캐나다는 실제 규정과 다른 잘못된 정보를 '자신 있게' 안내한 AI 챗봇 때문에 법적 책임을 졌다. 더 극적인 사례는 마이크로소프트 Microsoft의 챗봇 '테이 Tay'의 실패다. 트위터 Twitter(현 엑스 X) 사용자들과의 대화를 통해 학습하도록 설계된 테이는 출시 16시간 만에 악의적인 사용자들의 유도에 따라 인종차별적이고 혐오스러운 발언을 쏟아내는 존재로 '성장'했다.[11] 이 사례는 강력한 학습 능력을 가진 확률론적 시스템이 품고 있는 가장 끔찍한 재앙에 가깝다.

기업이 확률론적 AI를 배포하는 것은 단순히 소프트웨

어를 설치하는 것이 아니라 기업을 대신해 판단하고 소통하는 '대리인'을 내보내는 것이다. 그 대리인의 예측 불가능한 행동에 대한 법적, 윤리적, 평판의 책임은 온전히 기업의 몫이다. 따라서 AI 거버넌스는 더 이상 선택 사항이 아니라 최고 경영진이 직접 챙겨야 할 핵심 경영 아젠다가 되어야 한다.

맥락을 상실한 기술적 완벽성

마지막 충돌은 AI를 순수한 기술 문제로 간주하고 IT 부서에 모든 것을 위임하는 IT 주도 접근법에서 나타난다. 자동차 엔지니어가 최고의 엔진을 만드는 데만 몰두한 나머지 운전자가 어떤 길을 다니고 어떤 차를 원하는지는 묻지 않는 상황과 닮았다. 엔진 자체는 훌륭할지 몰라도 그 차를 아무도 원하지 않으면 소용이 없다.

IT 주도 접근법이 실패하는 이유는 AI가 내놓는 확률적 결과물이 맥락 없이는 의미가 없기 때문이다. 그리고 그 맥락을 제공할 수 있는 유일한 주체는 바로 현업 도메인 전문가 domain expert(해당 업무 분야에서 실무 경험과 전문 지식을 보유한 현장 전문가)다. 의료 분야라면 의사와 간호사, 금융이라면 트레이더와 리스크 매니저, 제조업이라면 생산 관리자와 품질 검사원처럼 각 분야 실무자를 말한다. 전통적인 소프트웨어 개발에서 이들은 요구사항을 전달하는 '고객' 역할에 머물렀지만 AI 개발에서는 데이터 선별, 학습 과정 검증, 결과물 평가 등 개발 전 과정에 깊이 관여해야 하는 '공동 개발자'로 역할이 확대된다.

IBM의 왓슨이 이 충돌이 낳은 상징적인 실패 사례다. 기술적으로는 완벽했을지 몰라도 현장 전문가가 신뢰할 수 없는 오류가 그 가치를 '0'으로 만들었다. 의사들에게 왓슨은 유능한 동료가 아니라 예측 불가능한 인턴과 같았다.

데이터의 역사적 편향을 그대로 학습한 아마존의 AI 채용 도구 역시 마찬가지다. IT 전문가들은 데이터의 숫자를 보았지만 인사관리 전문가나 사회학자라면 그 숫자 뒤에 숨겨진 사회적 편견이라는 맥락을 보았을 것이다. 이는 IT 전문가만으로는 데이터에 숨겨진 사회적, 비즈니스적 맥락과 편향을 파악할 수 없음을 보여준다. 많은 현업인이 AI 기술을 두고 "실제 고충이 반영되지 않은 시스템", "우리 업무 방식을 모르는 사람들이 만든 장난감"이라며 저항한다.

확률론의 세계에서 도메인 전문가는 단순히 최종 사용자가 아니다. 그들은 데이터의 의미를 해석하고 모델의 결과물을 검증하며 AI의 예측을 실제 비즈니스 행동으로 전환하는 필수적인 공동 개발자이자 최종 검수자다. AX의 진정한 성공은 기술 전문가를 대체하는 것이 아니라, AI로 강화된 전문가AI-augmented expert를 만드는 것이다. AI가 어마어마한 규모의 데이터 처리를 담당하고 인간 전문가가 판단과 맥락 해석을 제공할 때 진정한 가치가 창출된다.

기술이 아닌 철학

지금까지의 분석이 보여주듯 AI는 우리가 다루던 다른 기술과 다르다. AI는 한번 구축하고 끝나는 정적인 프로젝트가 아니라 지속적으로 데이터를 학습하며 진화하는 살아 있는 시스템에 가깝다. 따라서 프로젝트를 관리한다는 낡은 사고방식을 버리고 역량을 육성한다는 새로운 관점을 채택해야 한다. 이는 정원을 가꾸는 것과 같아서 씨앗을 심고 한번 물을 주는 것으로 끝나지 않고 지속적으로 관리해야 열매를 맺을 수 있다.

성공적인 AI 도입을 가로막는 가장 큰 장벽은 기술·데이터·인재의 부족이 아니다. 그것은 우리 머릿속에 각인된 낡은 결정론적 사고방식이다. 우리가 목격하는 실패의 8할은 이 근본적인 철학적 불일치가 낳은 증상에 불과하다.

따라서 AI 전환 시대에 리더가 수행해야 할 가장 중요한 역할은 새로운 기술을 구매가 아니라 새로운 사고방식을 조직에 전파하는 것이다. 이는 리더와 조직 전체가 확실성을 요구하는 태도에서 벗어나 실험을 장려하는 문화로, 정해진 프로젝트를 완수하는 것에서 변화하는 역량을 육성하는 방향으로, 실패를 회피하는 것에서 실패에서 빠르게 배우는 자세로 전환해야 함을 의미한다.

AI가 왜 다른지 진정으로 깨닫고 이 확률론적 도전을 정면으로 마주하는 것이 모든 성공의 전제 조건이다. 리더가 AI에 대해 명확히 이해한다면 비로소 어떻게 AI로 성공할 수 있는지 배울 준비가 된 것이다. 이제 '어떻게'에 대한 구체적인 해답을 제시할 다음 장으로 나아갈 차례다.

왜 실패하는지 배웠으니 이제 거꾸로 성공의
항로를 그릴 차례다. 최소기능제품을 만들어 빠르게
실험하고 비즈니스 가치를 측정해보는 방식
'린 성장', 한 번의 성공을 계속적 시스템으로
정착시킬 '표준화', 기술이 빠르게 발전하는
AI 시대에서 시장을 선도하기 위한 파트너십 비법
'AX 플러그인', 세 기둥을 세우는 것이 먼저다.

AX 플레이북

1장에서는 AI 프로젝트 실패 사례를 해부했다. 빅뱅 접근법으로 야심 차게 출항했지만 암초에 부딪혀 좌초한 프로젝트의 잔해를 살폈고, 최고의 장비를 손에 쥐고도 방향을 잃었던 도구 우선 접근법의 표류를 목격했으며, 기술 만능 주의에 빠져 현장의 목소리를 외면했던 IT 주도 접근법의 고립을 확인했다. 그리고 이 모든 실패의 바닥에는 조직·기반·가치라는 거대한 세 개의 벽과, AI가 본질적으로 확률 게임이라는 사실을 인지하지 못한 깊은 오해가 자리 잡고 있음을 발견했다.

이제 실패의 지도는 명확해졌다. 우리는 그 지도를 뒤집어 성공으로 가는 항로를 그릴 것이다. 이 장에서는 실패의 해부를 통해 얻은 교훈을 바탕으로 AI를 도입할 때 마주하는 깊은 협곡을 안전하고 확실하게 건너는 구체적인 실행 계획, 이른바 'AX 플레이북'을 제시한다. 플레이북의 핵심 철학은 놀랍도록 단순하다.

"작게 시작하고(Small Start), 검증된 성공을 확보하며(Solid Success), 이를 정교하게 확산하라(Smart Scaling)."

하지만 여정을 시작하기에 앞서 이 모든 과정을 안전하게 떠받치는 세 개의 거대한 기둥을 먼저 세워야 한다. 이 기둥들은 개별적인 단계가 아니라 AX 전 과정에 걸쳐 일관되게 유지되어야 하는 핵심 철학이자 운영 원칙이다. 이 세 개의 기둥이 없다면 여정은 위태로운 모래성 쌓기에 불과할 것이다.

세 개의 기둥

성공적인 AX는 단 하나의 마법 같은 해결책으로 이루어지지 않는다. 그것은 서로 다른 세 가지 핵심 원칙이 견고하게 맞물려 돌아갈 때 비로소 완성되는 정교한 시스템이다. 이 시스템을 떠받치는 세 개의 기둥은 린 성장 lean growth, 표준화 standardization, 그리고 AX 플러그인 AX plug-in이다.

린 성장은 AI 프로젝트의 불확실성을 관리하기 위한 실행 원칙이자 의사결정 방식이다. 이는 거대한 계획을 세우는 대신, 최소기능제품 MVP을 빠르게 만들어 실제 사용자로부터 피드백을 얻고 그 배움을 바탕으로 다음 단계를 결정하는 반복적 접근법이다. 즉 작고 빠른 실험을 반복하며 방향을 탐색한다. 각 실험에서 얻은 실패는 폭발적 손실이 아니라 다음 경로를 알려주는 귀중한 학습 데이터로 전환된다.

구체적으로 린 성장은 MVP 개발 → 실제 사용자 반응 측정 → 데이터 기반 학습 → 방향 유지 또는 전환이라는 빠른 피드백 순환을 통해 AI 도입의 성공 확률을 점진적으로 높여나간다.

표준화는 하나의 성공적인 로켓을 수천, 수만 개 복제해 거대한 함대를 만들 수 있는 모듈형 설계도를 만드는 일이다. 이는 기술, 데이터, 프로세스의 파편화를 막고 AI 개발을 일회성 예술이 아닌 예측 가능한 산업으로 전환시키는 운영의 효율성을 담보한다.

AX 플러그인은 외부 생태계를 전략적으로 활용해 AI 역량을 확장하는 파트너십 전략이다. 이는 모든 것을 직접 만들겠다는 고립주의에서 벗어나 우리 조직이 핵심 역량에 집중하는 동시에 클라우드 제공업체(AWS, 애저 등), 기술 솔루션 파트너(데이터브릭스 Databricks, 허깅페이스 Hugging Face 등), 전문 서비스 파트너(액센추어, 딜로이트 Deloitte 등) 그리고 혁신 파트너(AI 스타트업, 연구기관 등)와 협력해 혁신의 속도를 기하급수적으로 높이는 접근 방식이다. 이를 통해 우리 조직의 엔진만으로는 도달할 수 없는 기술적 수준과 시장 대응 속도를 확보할 수 있다.

이 세 기둥은 AX 플레이북 모든 단계에 깊숙이 관여하며 AX 여정에서 길을 잃지 않고 중도에 멈추는 일 없이 더 멀리 나아갈 수 있도록 지탱하는 근본적인 힘이 될 것이다. 이제 각 기둥을 하나씩 살펴보겠다.

작은 성공에서 거대한 전환점으로

기둥 1. 린 성장(불확실성을 길들이는 기술)

1장에서 우리는 AI가 본질적으로 확률론적 시스템이라는 사실을 확인했다. AI 프로젝트의 결과는 사전에 완벽하게 예측될 수 없으며 AI의 가치는 데이터를 통한 실험과 학습 과정에서 '발견'된다. 바로 이 지점에서 지난 수십 년간 IT 프로젝트를 지배해온 결정론적 관리 방식은 힘을 잃는다. 완벽한 청사진, 그에 따라 한 치의 오차 없이 건물을 짓는 폭포수 모델은 예측 불가능한 파도와 바람으로 가득한 AI의 바다에서는 비현실적인 모델일 뿐이다.

린 성장은 바로 이 불확실성의 파도를 적극적으로 돌파하기 위한 항해술이다. 이는 미국의 경영 사상가인 에릭 리스 Eric Ries가 주창한 '린 스타트업 lean startup' 방법론을 AI 전환이라는 기업 환경에 맞게 재해석한 것으로 그 핵심은 '만들기-측정-학습'이라는 빠르고 반복적인 피드백 순환 고리에 있다. [1]

완벽한 제품이 아닌 학습 도구를 만들어라

첫 단계는 '만들기'다. 하지만 여기서 만드는 것은 수십억 원의 예산과 수년의 긴 시간이 필요한 완벽한 시스템이 아니다. 우리가 만들어야 할 것은 '린 AI MVP'다. 이는 해결하려는 비즈니스 문제에 대한 가장 핵심적인 가설을, 최소한의 자원과 시간으로 검증할 수 있는 가장 작은 형태의 결과물이다. 전통적인 프로젝트 관리에서는 모든 기능이 완벽하게 구현되었는지를 묻지만, 린 AI MVP는 단 하나의 질문에 답하기 위해 존재한다.

"AI 솔루션이 실제로 비즈니스 가치를 창출하는가?"

이 핵심 질문을 검증하기 위해 MVP는 세 가지 하위 가설을 순차적으로 확인한다.

첫째, 우리가 정의한 특정 문제를 AI가 기술적으로 해결할 수 있는가?

둘째, 그 해결책이 고객(내부 사용자 포함)에게 실질적인 가치를 제공하는가?

셋째, 그 가치가 측정 가능한 비즈니스 성과 개선(비용 절감, 매출 증대, 생산성 향상, 매출 분야 창출 등)으로 이어지는가?

이 세 가지 검증이 모두 긍정적일 때, 비로소 "AI 솔루션이 실제로 비즈니스 가치를 창출한다"는 결론에 도달할 수 있다.

가설을 검증하기 위해 우리는 처음부터 복잡한 AI 모델을 직접 개발할 필요조차 없다. 때로는 이미 존재하는 외부 애플리케이션 프로그래밍 인터페이스 application programming interface·API를 활용하거나, 심지어는 AI가 작동하는 것처럼 보이도록 사람이 뒤에서 개입해 작업을 처리하는 '오즈의 마법사 wizard of Oz' 기법을 사용할 수도 있다. 예를 들어, 'AI 기반 계약서 분석 서비스'의 가치를 검증하고 싶다면 처음부터 정교한 자연어 처리 모델을 만드는 대신, 사용자가 계약서를 업로드하는 간단한 웹페이지를 만들고 그 뒤에서는 법무팀 직원이 직접 계약서를 검토해 핵심 리스크를 요약해주는 방식으로 시작할 수 있다. 사용자는 완벽한 서비스를 경험하는 것처럼 느끼지만 우리는 단 한 줄의 AI 코드 없이도 '고객이 이 서비스에 돈을 지불할 의향이 있는가?'라는 가장 중요한 가설을 검증할 수 있다. 이처럼 린 AI MVP의 목표는 기술적 완벽성이 아니라 가장 빠르고 저렴하게 비즈니스 가치 여부를 확인하는 것이다.

허상 지표가 아닌 행동과 가치를 측정하라

MVP를 만들었다면 이제 그 성과를 '측정'해야 한다. 여기서 결정론적 사고방식에 빠진 조직은 또 다른 함정을 만난다. 그들은 AI 모델의 기술적 정확도, 정밀도 같은 기술 지표에만 매몰된다. 하지만 99%의 정확도를 가진 AI 예측 모델이라도 현업 사용자가 그 결과를 신뢰하지 않고 업무에 전혀 활용하지 않는다면 비즈니스 가치는 '0'에 수렴한다. 린 성장은 이러한 허상 지표vanity metrics가 아닌 실제 사용자의 행동과 그로 인한 비즈니스 가치를 측정하라고 요구한다.

우리가 측정해야 할 것은 현업 직원들이 AI 시스템을 하루에 몇 번이나 사용하는지, AI가 제안한 내용을 얼마나 자주 채택하는지와 같은 사용자 행동에 대한 답이다. 또한 AI를 사용함으로써 그들의 업무 처리 시간이 실제로 얼마나 단축되었는지 확인해야 한다. 더 나아가 AI 수요 예측 모델을 적용한 후 재고 비용이 실제로 얼마나 감소했는지, 또는 AI 개인화 추천 엔진을 도입한 후 고객의 구매 전환율이 얼마나 상승했는지와 같은 비즈니스 가치를 측정해야 한다.

이러한 측정은 1장에서 논의했던 가치의 벽을 넘기 위한 가장 중요한 증거를 수집하는 과정이다. 명확한 KPI 설정 없이 시작하는 AI 프로젝트가 80%에 달하는 현실 속에서 초기부터 비즈니스 가치를 측정하는 것은 프로젝트를 실험에서 투자의 영역으로 격상시키는 핵심 활동이다.

실패는 비용이 아니라 자산이다

만들기와 측정을 통해 얻은 데이터를 바탕으로 우리는 마침내 가장 중요한 단계인 '학습'에 도달한다. 학습의 결과는 현재 방향을 지속할 것인가, 아니면 방향을 전환할 것인가라는 단 두 가지 결정으로 귀결된다. 가설이 옳았고 MVP가 사용자 행동과 비즈니스 가치에 긍정적인 영향을 미쳤다면 현재 방향을 유지하며 점진적으로 기능을 고도화하고 사용자 범위를 넓혀갈 수 있다. 반면 데이터가 가설을 지지하지 않는다면 어떨까? 전통적인 프로젝트 관리에서는 이를 실패로 규정하고 프로젝트를 중단하거나 책임자를 문책한다. 하지만 린 성장의 관점에서 이는 실패가 아니라, 매우 '값싼' 비용으로 무엇이 효과가 없는지를 배운 소중한 학습이다.

이제 우리는 이 학습을 바탕으로 방향을 전환해야 한다. 문제 정의가 잘못되었을 수도 있고 솔루션의 형태가 부적절했을 수도 있다. 어쩌면 AI가 아닌 더 간단한 자동화 규칙으로도 충분히 해결할 수 있는 문제였을지도 모른다. 이처럼 린 성장은 AI 프로젝트를 단번에 성공시켜야 하는 거대한 도박이 아니라 작은 실험과 빠른 학습을 통해 성공 확률을 점진적으로 높여가는 과학적인 탐색 과정으로 재정의한다. 42%가 넘는 AI 개념 증명이 다음 단계로 나아가지 못하고 파일럿 지옥에 갇히는 현실은 이러한 학습과 전환의 과정이 부재하기 때문에 발생하는 비극이다.[2] 린 성장은 불확실성을 제거하려는 오만한 시도 대신 불확실성을 겸허히 인정하고 그 속에서 가장 빨리 배우고 파도를 타는 지혜를 제공한다.

린 성장 실전

린 성장 원칙이 실제 한국 기업 환경에서 어떻게 작동하는지 LG화학 사례를 통해 살펴보자. 한때 몸담았던 LG화학 석유화학사업본부는 전사 업무효율화를 추진하면서 'FAST'라는 독자적 방법론을 개발했다. FAST는 신속성 *fast*, 민첩성

agile, 지속 가능성 sustainable, 변혁성 transformative의 약자로 린 스타트업 철학을 제조업 특성에 맞게 재해석한 접근법이다.

당시 기업이 직면한 문제는 이렇다. 경영관리, 인사(인건비 관리, 인력 운영), 공급망 등 전사에 걸쳐 엑셀 기반 수작업이 만연했고 각 부서는 저마다의 방식으로 데이터를 관리하며 비효율을 양산했다. 특히 월말 결산 시즌마다 재무팀과 원가 담당자들이 밤을 새워 수작업으로 집계하는 상황이 반복되었다.

FAST의 핵심은 '작고 빠른 프로토타입'이었다. 전사 ERP 고도화 같은 대규모 프로젝트 대신 엑셀 프로세스 자동화 excel process automation·EPA＋로보틱 프로세스 자동화 robotic process automation·RPA＋시뮬레이션을 결합한 경량화된 솔루션을 제안했다.

첫 대상은 직원들이 가장 고통스러워하던 업무 영역인 원가 분석이었다. 4주 만에 첫 MVP를 만들었다. 완벽한 시스템은 아니었지만 기존에 이틀 걸리던 월말 원가 집계 작업을 2~3시간으로 단축시켰다. 이 작은 성공은 조직 내부에 강력한 파급력을 만들어냈다. 다른 부서에서 자발적으로 "우리 업무에도 적용할 수 있나요?"라는 문의가 들어왔다.

6개월간 약 20개 부서로 확산하며 인사 인건비 관리, 재고 실명제, 공급망 가시성 확보 등 다양한 영역에 적용했다.

각 케이스에서 학습한 패턴을 축적해 표준화된 자동화 템플릿을 구축했고 이후 신규 요청에는 2주 이내 솔루션을 제공할 수 있게 되었다.

FAST는 단순한 기술 프로젝트가 아니라 조직 문화의 변화였다. 완벽한 시스템을 오래 기다리는 것에서 불완전하지만 빠른 개선을 반복하는 것으로 사고방식이 전환되었다. 이는 이후에 전사 디지털 전환이 확산하는 계기가 되었다.

기둥 2. 표준화(AI 팩토리의 청사진)

린 성장 철학을 통해 성공적인 첫 AI 사용 사례를 발굴했다고 가정해보자. 이제 조직은 두 번째, 세 번째 그리고 수백 개의 성공 사례를 만들어내야 하는 과제에 직면한다. 이때 표준화라는 두 번째 기둥이 없다면 조직은 이내 혼돈에 빠지고 만다. 각 팀이 저마다 다른 프로그래밍 언어, 다른 클라우드 서비스, 다른 데이터 처리 방식을 사용해 AI 모델 개발로 얻은 '파편화된 성공'은 재앙의 또 다른 이름이다.

이는 마치 동네 작은 맛집이 갑자기 인기를 얻어 전국적인 프랜차이즈로 확장하려는 상황과 같다. 본점 셰프는 기가 막힌 요리 하나를 만들었지만 표준화된 레시피도, 규격화된 주방 설비도, 체계적인 재료 공급망도 없다면 어떤 일이 벌어질까? 각 지점 주방의 설비는 제각각이고(비표준화된 기술 스택), 맛의 핵심이었던 재료는 사실 본점 뒷마당 오래된 독에 담겨 묻혀 있으며(데이터 사일로 data silo), 심지어 비법 레시피는 오직 셰프의 머릿속에만 존재한다(문서화되지 않은 프로세스). 결국 어떤 지점도 본점의 맛을 낼 수 없게 되고 프랜차이즈는 총체적인 실패로 끝나게 된다.

표준화는 이러한 혼돈을 막고 AI 개발을 소수의 장인이 벌이는 일회성 예술 활동이 아니라 조직 전체가 일관된 품질과 속도로 AI 솔루션을 생산해내는 AI 팩토리로 전환시키기 위한 핵심 원칙이다. 이는 기술 스택, 데이터 아키텍처 그리고 AI모델운영체계 Machine Learning Operations·MLOps라는 세 가지 핵심 영역에서의 표준화를 요구한다.

기술 스택 표준화(도구 통일의 힘)

첫째, 기술 스택 표준화는 선택과 집중의 기술이다. 이는 한 의류 브랜드의 제품을 만드는 전국의 공장 지점이 모두 같은 브랜드의 재봉틀과 가위를 사용하기로 약속하는 것과 같다. A공장은 독일제 가위를, B공장은 일본제 가위를, C공장은 중국제 가위를 사용한다면 어떻게 될까? 각 도구마다 사용법이 달라 숙련된 작업자를 다른 공장으로 파견할 때마다 재교육이 필요하고 부품이나 소모품도 제각각 구매해야 하며 무엇보다 완제품의 질이 달라질 수도 있다.

실제로 한 글로벌 제조기업은 각 지역 법인이 서로 다른 AI 개발 도구를 사용하다가 큰 혼란을 겪었다. 미국 법인은 AWS와 텐서플로 TensorFlow를, 유럽 법인은 애지와 파이토치 PyTorch를, 아시아 법인은 GCP와 자체 개발 프레임워크를 사용했다. 결과적으로 성공적인 AI 모델을 다른 지역에 이식하는 데만 6개월이 걸렸고, 개발자 간 협업은 거의 불가능했다.

이 기업은 결국 전사 표준으로 AWS와 파이토치를 선택하고 모든 AI 프로젝트가 이 표준 스택을 사용하도록 강제했다. 처음에는 저항이 있었지만 3개월 후부터 놀라운 변화가 나타났다. 개발 속도가 40% 빨라졌고 프로젝트 간 코드 재사용률이 60%로 증가했으며 신입 개발자의 학습 기간은 절반으로 줄어들었다.

데이터 아키텍처 표준화(원석에서 보석으로)

둘째, 데이터 아키텍처 표준화는 데이터를 제품처럼 관리하는 것이다. 원석을 캐내어 무작정 창고에 쌓아두는 것과 정교하게 가공해 진열장에 전시하는 것의 차이를 떠올려보라. 많은 기업이 데이터를 원석처럼 취급한다. 각 부서가 자신들만의 창고(데이터베이스)에 원석(원시 데이터 raw data)을 무작정 쌓아두고, 필요할 때마다 다시 캐내어 가공하는 비효율을 반복한다.

한 대형 유통기업의 사례를 보자. 온라인몰, 오프라인 매장, 물류센터가 고객 데이터를 별도로 관리했다. 같은 고객이 온라인에서는 'VIP', 오프라인에서는 '일반', 물류 시스템에서는 '신규'로 분류되는 웃지 못할 상황이 발생했다. AI 기반 개인화 추천 시스템을 구축하려 했지만 데이터 통합에만 8개월이 걸렸다.

이 기업은 결국 데이터를 '제품'으로 재정의했다. '고객 360도 뷰'라는 데이터 관리 제품을 만들어 명확한 품질 기준(정확도 99% 이상, 실시간 업데이트)과 책임자(고객데이터팀)를 지정했다. 이제 어떤 부서든 이 '완제품' 데이터를 바로 활용할 수 있게 되었고, AI 프로젝트의 데이터 준비 기간이 평균 3개월에서 1주일로 단축되었다.

MLOps 표준화(AI 모델의 생산 라인)

셋째, AI모델운영체계 표준화는 AI 개발을 산업화하는 과정이다. 이는 숙련된 장인이 하나하나 수작업으로 시계를 만드는 것에서 정밀한 생산 라인을 거쳐 대량으로 시계를 생산하는 것으로 전환하는 것과 비슷하다. AI모델운영체계는 AI 모델의 개발, 테스트, 배포, 모니터링, 재학습의 전 과정을 자동화된 컨베이어 벨트처럼 만든다.

한 금융회사는 신용평가 AI 모델을 운영하면서 AI모델운영체계의 중요성을 뼈저리게 깨달았다. 초기에는 데이터 과학자가 수동으로 모델을 학습시키고, IT팀에 이메일로 전달해 배포했다. 그러나 금융 시장이 급변하면서 모델 성능이 급격히 떨어졌고 재학습과 재배포에 2주가 걸리는 동안 수억 원의 손실이 발생했다.

이 회사는 AI모델운영체계 파이프라인을 구축해 모든 과정을 자동화했다. 매일 새벽 자동으로 새로운 데이터를 수집하고, 모델을 재학습시키며, 성능이 개선되면 자동으로 A/B 테스트를 거쳐 배포한다. 모델 성능이 특정 임계치 아래로 떨어지면 즉시 알림이 발생하고 이전 버전으로 자동 롤백**rollback** 된다. 이제 2주 걸리던 작업이 2시간 만에 완료되며 모델의 정확도는 95% 이상을 유지한다.

AI모델운영체계는 AI 모델을 살아 있는 시스템으로 관리하는 철학이다. 자동차가 정기적인 점검과 부품 교체를 통해 최상의 성능을 유지하듯, AI 모델도 지속적인 모니터링과 재학습을 통해 변화하는 환경에 적응하며 진화한다.

기둥 3. AX 플러그인(혼자서는 결코 이길 수 없다)

린 성장으로 방향을 잡고 표준화로 규모를 키울 기반을 닦았다 해도 여전히 마지막 퍼즐 조각이 남았다. 그것은 바로 AI라는 거대하고 빠르게 변화하는 세계에서 모든 것을 우리 조직, 회사의 힘으로만 해결할 수는 없다는 겸허한 인식이다. 이것이 세 번째 기둥인 AX 플러그인, 즉 전략적 파트너십의 중요성이다.

과거 기업들이 기술을 자체 개발할 것인지 외부 솔루션을 구매할 것인지의 딜레마에 갇혀 있었다면, AI 시대의 승자들은 우리 조직의 표준화된 플랫폼에 외부의 최고 역량을 자유롭게 '연결 plug-in'하는 생태계 전략을 구사한다. AI 기술의 스펙트럼은 너무나도 광범위하고 그 발전 속도는 한 기업이 따라잡기에 벅찰 정도로 빠르다. 모든 분야에서 세계 최고 수준의 전문가를 직접 고용하고 기술을 내재화하는 것은 불가능에 가깝다. 성공적인 기업들은 자신들의 핵심 경쟁력을 명확히 인지하고 그 외의 영역에서는 최고의 외부 파트너와 협력해 속도와 효율성을 극대화한다. 『포브스(Forbes)』의 분석에 따르면 미래의 성공은 데이터, ROI, AI 자체뿐만 아니라 파트너의 솔루션과 얼마나 잘 통합해 독특하고 통일된 가치를 창출하느냐에 달려 있다.[3]

AX 플러그인 전략은 단순히 외부 업체를 고용하는 아웃소싱과는 근본적으로 다르다. 이는 우리 회사의 비전과 목표를 공유하고 함께 성장할 수 있는 전략적 파트너들의 생태계를 구축하는 과정이다. 이 생태계는 여러 종류의 파트너로 구성될 수 있다. AWS, 애저, GCP와 같은 대규모 클라우드 제공업체들은 AI 개발에 필요한 막대한 컴퓨팅 파워와 기본적인 AI 서비스를 제공하는 인프라 파트너 역할을 한다. 데이터브릭스, 허깅페이스 등 특정 영역에서 독보적인 기술력을 가진 기술 솔루션 파트너는 기업이 직접 개발하기 어려운 기술적 문제를 해결해준다. 또한 액센추어나 딜로이트와 같은 전문 서비스 파트너는 AI 전략 수립, 대규모 시스템 통합, 변화 관리 영역에서 부족한 경험과 인력을 보완해주며, 마지막으로 새로운 기술을 개발 중인 스타트업이나 대학 연구실 같은 혁신 파트너와의 협력은 미래 기술 트렌드를 포착하고 새로운 사업 기회를 탐색하는 장기적인 가치를 제공한다. 성공적인 AX 플러그인 전략은 이 네 종류의 파트너들을 우리 회사의 필요와 성숙도에 맞게 적절히 조합하고 단순한 공급업체-고객 관계를 넘어 공동의 목표를 향해 함께 혁신하는 공동 운명체로 만드는 것이다.

세 개의 기둥, 린 성장·표준화·AX 플러그인은 서로를 보완하며 강력한 시너지를 만들어낸다. 린 성장은 우리가 올바른 방향으로 나아가고 있음을 보장하고, 표준화는 그 길을 빠르고 효율적으로 달릴 수 있는 고속도로를 깔아주며, AX 플러그인은 그 여정에 강력한 동맹군을 더해준다. 이 견고한 세 기둥 위에서 우리는 비로소 AI 도입에서 깊은 협곡을 건너기 위한 구체적인 3단계 여정, AX 플레이북을 시작할 준비를 마쳤다.

단계 1. 작게 시작하기(Small Start)
— 첫 번째 승리를 확보하라

왜 작게 시작하는 것이 가장 위대한 전략일까? 1장에서 우리는 수많은 기업이 AI 도입이라는 거대한 꿈을 안고 출발했다가 어떻게 빅뱅 접근법의 함정에 빠져 좌초하는지를 목격했다. 수십억 원의 예산, 수년간의 개발 기간, 전사적 혁신이라는 거창한 구호가 만들어낸 것은 혁신이 아니라 값비싼 실패의 교훈과 조직 전체에 퍼진 깊은 불신이었다. AI 프로젝트의 과반 이상이 의미 있는 비즈니스 가치를 창출하는 데 실패한다는 냉혹한 현실은 거대 담론 중심의 접근법이 얼마나 위험한지를 명백히 증명한다.

그렇다면 이 실패의 악순환을 끊어낼 해독제는 무엇일

까? 역설적이게도 가장 위대한 AX는 가장 작고 겸손한 발걸음에서 시작된다. '작은 시작(Small Start)'은 단순히 소극적인 실험이나 탐색적 시도를 의미하지 않는다. 이것은 AI 도입의 본질적인 불확실성을 인정하고, 그 불확실성을 가장 효과적으로 관리하기 위해 의도적으로 설계된 가장 정교하고 강력한 전략이다. 이는 거대한 심연을 한 번에 뛰어넘으려는 무모한 도박이 아니라 안전하고 튼튼한 첫 번째 교두보를 확보하고 그곳을 기반으로 차근차근 전진하는 공학이다.

'작은 시작'의 진정한 힘은 기술적 검증을 넘어선 곳에 있다. 첫 번째 성공은 조직 내부에 강력한 추진 엔진momentum engine을 점화하는 역할을 한다. 이 작은 승리는 AI에 대한 막연한 불안감과 회의론을 구체적인 증거와 확신으로 대체한다. 예산과 자원을 통제하는 재무 부서의 경계심을 누그러뜨리고 변화에 저항하던 현업 부서의 마음을 열며 AI 전략의 필요성에 반신반의하던 경영진을 가장 강력한 지지자로 만든다.

이 단계의 가장 심오한 결과물은 AI 모델이나 소프트웨어가 아니라 조직 내부의 대화가 전환되는 일이다. 성공적인 '작은 시작'은 기업의 AI에 대한 논의를 "우리는 이 비싸고 검증되지 않은 AI 기술에 막대한 투자를 감행해야 하는가?"라는 추상적인 논쟁에서 "우리는 이미 가치가 증명된 이 성공을 어떻게 조직 전체로 확산시켜 더 큰 이익을 창출할 것인가?"라는 훨씬 더 구체적이고 생산적인 논의로 바꾸어놓는다. 실패의 가능성을 방어해야 했던 혁신팀은 이제 성공의 확산을 주장하는 주도권을 쥐게 된다. 이것이 바로 '작은 시작'이 AI 전환이라는 긴 여정에서 가장 중요한 첫 번째 승리인 이유다.

과정 1. 아픈 곳 찾기

성공적인 첫 프로젝트는 최신 AI 기술을 과시하는 쇼케이스가 되어서는 안 된다. 그것은 조직이 현재 겪고 있는 가장 현실적이고 고통스러운 문제를 해결하는 구원투수가 되어야 한다. 모든 위대한 AI 전략은 기술이 아닌 비즈니스의 가장 아픈 곳, 즉 고통점에 대한 깊은 공감과 이해에서 출발한다.

많은 리더들이 "우리 회사에 AI를 어떻게 적용할 수 있을까?"라는 질문으로 AI 도입을 시작하지만, 이는 실패로 가는 가장 확실한 지름길이다. AX에서 성공적인 리더는 질문의 순서를 완전히 뒤집어 "우리 비즈니스에서 가장 비효율적이고, 낭비가 크며 시급하게 해결해야 할 문제는 무엇인가?"라고 묻는다. 가장 아픈 곳을 정확히 찾아내기 위해서는 양적 데이터와 질적 통찰력을 결합한 하이브리드 진단을 내려야 한다.

먼저, 양적 분석을 통해 문제의 규모를 파악해야 한다.

예를 들어, "고객 불만이 많다"는 막연한 인식을 "특정 제품군에 대한 문의가 전체 고객 서비스 티켓(문의 건수)의 40%를 차지하며 이로 인해 연간 5억 원의 추가 운영 비용이 발생한다"는 구체적인 숫자로 전환해야 한다.

다음으로, 질적 분석을 통해 문제의 맥락을 깊이 이해해야 한다. 즉 숫자 뒤에 숨겨진 '왜'와 '어떻게'를 파악하는 것이다. 이를 위해서는 문제의 최전선에 있는 직원들과 심층 인터뷰를 진행하고 고객 여정 지도를 그려 고객의 불편함을 파악하며 온라인 리뷰나 소셜 미디어를 분석해 데이터 뒤에 숨겨진 생생한 목소리를 들어야 한다.

수많은 잠재적 문제 목록이 만들어졌다면 이제 이 중에서 첫 번째 승리를 안겨줄 하나의 황금 과녁을 골라내야 한다. 성공 확률을 극대화하기 위해 엄격한 필터를 통해 후보들을 걸러내야 한다. 먼저 해결했을 때 비용 절감이나 매출 증대 등 명확하고 측정 가능한 비즈니스 영향력이 있어야 한다. 또한 4주에서 8주 안에 MVP를 만드는 것이 가능한지 기술적 실현 가능성을 따져봐야 하며 AI 모델 학습에 필요한 데이터가 존재하는지 데이터 준비성을 확인해야 한다. 마지막으로, '수작업 데이터 입력 시간 50% 감소'와 같이 성공을 명확한 KPI로 정의하고 추적할 수 있는지 측정 가능성을 검토해야 한다. 이 네 가지 필터를 모두 높은 점수로 통과하는 문제야말로 소중한 자원과 시간을 투입할 가치가 있는 진정한 고통점이다.

영향력-실현 가능성 매트릭스

후보 과제들의 우선순위를 결정하기 위해 '영향력-실현 가능성 매트릭스impact-feasibility matrix'를 활용할 수 있다. 이 매트릭스를 AI 프로젝트에 적용할 때는 전통적인 관점에서 벗어나 실현 가능성의 절대적인 전제조건이 되는 데이터 준비성을 반드시 포함하고, 비즈니스 영향력은 단기적 ROI뿐만 아니라 직원/고객 경험 개선과 같은 장기적 전략 가치를 종합적으로 평가해야 한다.

이렇게 재정의된 관점을 바탕으로 후보 과제들을 사분면에 배치할 수 있다. 가장 먼저 목표로 삼아야 할 것은 높은 영향력과 높은 실현 가능성을 가진 '작은 시작' 과제다. 반면, 장기적으로 중요하지만 기술적 난이도가 높은 주요 프로젝트는 첫 프로젝트로는 부적합하다. 쉽게 할 수 있지만 큰 성과를 기대하기 어려운 부가 과제나 시간 낭비일 뿐인 가능성 없는 과제도 구분해야 한다.

[표 4]는 잠재적 AI 프로젝트를 비즈니스 영향력과 실현 가능성 두 축으로 평가해 최소 노력으로 최대 가치를 창출할

[표 4] AI 첫 프로젝트 선정을 위한 영향력-실현 가능성 매트릭스(실행 템플릿 예시)

후보 프로젝트	영향력		실현 가능성		총점 (20점 만점)	우선순위
	재무적 ROI (1~5점)	전략적 가치 (1~5점)	데이터 준비성 (1~5점)	기술 복잡성* (1~5점)		
A. 생산 라인 예측 정비	5	4	4	3	16	1위 (시작 과제)
B. 고객 티켓 자동 분류	3	3	5	4	15	2위 (시작 과제)
C. 신제품 수요 예측	5	5	2	2	14	3위(주요 프로젝트)
D. 사내 챗봇 개발	2	2	3	3	10	4위 (부가 과제)

*기술 복잡성 항목은 점수가 높을수록 쉽게 구현 가능함을 의미한다(역산 적용).

- A 프로젝트(생산 라인 예측 정비): 재무적 ROI와 전략적 가치(9점)가 높고, 데이터 준비성(4점)도 양호하며, 구현 난이도(3점)도 중간이라 총 16점. 이는 조직의 가장 시급한 문제 하나를 해결하는 '작은 시작'의 모범적인 예로, AI 첫 성공 사례를 확보하는 데 가장 적합하다.
- C 프로젝트(신제품 수요 예측): 영향력(10점)은 최고지만, 데이터 준비성(2점)이 현저히 낮고 기술적 복잡성(2점)도 높아 총 14점으로 '주요 프로젝트'로 분류. 이처럼 데이터 준비가 부족한 상태에서 무리하게 추진할 경우 실패 확률(AI 프로젝트 평균 실패율은 80% 이상)이 높으므로, 기반의 벽을 먼저 허문 후 2단계에서 추진하는 단계적 접근법이 필요하다.

수 있는 프로젝트를 식별하도록 돕는 실행 템플릿이다.

한국 기업 문화에서 발견되는 AX 공통 패턴

2019년부터 지금까지 국내 대기업에서 전사 DX/AX 전

총점 범위	우선순위 등급	권장 조치 및 AX 전략 관점
16점 이상	시작 과제	**즉시 시작 권장.** 비즈니스 영향력과 실현 가능성이 모두 높은 프로젝트다. 첫 번째 베이스캠프를 구축하고 검증된 성공(Solid Success)을 통해 조직 내 AI에 대한 신뢰와 동력을 확보하는 데 최적이다.
12~15점	주요 프로젝트	**2단계 추진 적합.** 영향력은 매우 크지만 데이터 준비나 기술적 복잡성 때문에 첫 단계부터 부담이 클 수 있다. 성공 모델과 기반(데이터/인력)을 확보한 후 '정교하게 확장(Smart Scaling)'하는 단계에서 추진하는 것이 적절하다.
8~11점	부가 과제	**자원 여유 시 고려.** 영향력이 제한적이거나 실현 가능성이 보통이다. AI 역량 내재화나 현업의 작은 불편함 해소 등 보조적 역할로 자원 여유 시 추진한다.
7점 이하	보류	**재검토 또는 보류.** 현재 시점에서는 투입 자원 대비 산출되는 가치가 낮거나 실패 위험이 매우 높다. 전략적 가치와 실현 가능성을 높일 방안을 재검토한 후 다시 평가한다.

략을 수립하고 실행하며 목격한 공통 패턴이 있다. 산업군과 규모를 막론하고 동일한 고민과 실수가 반복됐다. 그중 하나의 패턴은 기술 선택에서 프로젝트를 시작한다는 점이다. "챗지피티가 화제니까 우리도 챗봇을 만들어야 한다", "생성형 AI를 도입해야 한다"는 식의 기술 우선 접근이다. 하지만 정작 '무엇을 해결할 것인가?'에 대한 고민은 부족한 경우가 흔하다.

2023년 CJ제일제당에서 'AI Lab'을 신설하며 가장 먼저 한 일은 기술 선택이 아니라 '문제 정의'였다. 전사 인터뷰와 업무 관찰을 통해 직원들이 가장 많은 시간을 소비하는 업무를 파악했다. 그 결과 '문서 검토 및 정보 검색'이 핵심 고통점으로 식별되었다. 법무 계약서 검토, 경영관리 규정 찾기, R&D 특허 분류 등 유사한 패턴이 여러 부서에 산재해 있었다.

이 문제를 해결하기 위해 선택한 기술은 챗봇이 아니라 기계독해+검색증강생성이었다. 먼저 전사 지식을 체계적으로 자산화하고(지식관리시스템), 그 위에 의미 기반 검색을 구현했다. 이후 직원들은 자연어로 질문하면 관련 문서와 핵심 답변을 즉시 받을 수 있게 되었다. AI 프로젝트는 기술이 아니라 '해결해야 할 문제'에서 출발해야 한다.

또 하나의 패턴은 많은 기업이 개념 증명은 성공하지만 실제 업무 적용에는 실패한다. 2021년 LG화학에서 AI 기반 수요 예측 모델 개념 증명을 진행할 때다. 데모 환경에서는 완벽했다. 과거 데이터로 테스트한 예측 정확도가 85%를 넘었다. 하지만 실제 업무 시스템에 적용하려니 문제가 속출했다.

첫째, 데이터 파이프라인이 없었다. 개념 증명에서는 수작업으로 정제한 데이터를 사용했지만 실제로는 여러 시스템에 산재된 데이터를 자동으로 수집하고 정제하는 체계가 필요했다. 둘째, 레거시 ERP와의 인터페이스가 고려되지 않았다. 셋째, 예측 결과에 대한 책임 소재가 불명확했다. "AI가 틀리면 누구 책임인가?"

결국 개념 증명 이후 6개월간 데이터 거버넌스, 인터페이스 설계, 운영 정책 수립 등 기술 외적 요소를 정비하는 데 시간을 써야 했다. 이 경험 이후 나는 개념 증명 단계부터 운영 관점을 포함하는 방식으로 접근법을 바꿨다. 개념 증명은 끝이 아니라 시작이다. 처음부터 '운영 가능한 최소 제품'을 목표로 해야 한다.

마지막 패턴은 전사 동시 도입의 환상을 꿈꾼다는 것이다. 공정성과 형평성을 중시하는 한국 기업 문화에서 특히 자주 나타나는 현상이다. "일부 부서만 먼저 쓰면 불공평하다"는 논리로 전사 동시 도입을 시도하지만 대부분 실패한다.

먼저 AI에 관심이 높고 확장성 있는 부서 2~3곳을 '얼리어답터'로 선정하고, 이들에게 집중 지원을 제공하는 변화 관리를 해야 한다. 그리고 이들의 성공 사례를 사내에 적극 공유하며 자연스럽게 다른 부서에서 "우리도 쓰고 싶다"는 요청이 들어오게 해야 한다. 맛집이 자연스레 입소문 나듯이.

성공 체험을 기반으로 전사로 확산하면 이미 검증된 사례와 교육 콘텐츠가 충분히 준비된다. 조직 전체를 한 번에 바꾸려 하지 말길. 얼리어답터의 성공부터 만들고 자연스럽게 확산시켜 나가면 된다.

과정 2. 최소 자원으로 신속하게 검증하기

가장 아픈 곳을 정확히 찾아냈다면 이제 최소한의 자원으로 가장 빠르게 가치를 검증할 차례다. 이것이 바로 '린 AI MVP'의 핵심 철학이다. 많은 이들이 MVP를 '제품의 축소판'으로 오해하지만 AI 시대의 MVP는 제품이 아니라 '학습을 위한 도구'이자 '가설 검증 장치'다. AI 시스템은 100% 완벽한 정답을 내놓는 결정론적 시스템이 아니라 데이터를 기반으로 가장 가능성 높은 결과를 예측하는 확률론적 시스템이므로 린 AI MVP의 목표는 완벽한 모델을 만드는 대신, 우리가 세운 핵심 가설을 가장 빨리 검증하고 실제 데이터와 사용자 피드백을 통해 학습하는 것이다.

이러한 접근법은 '빨리 실패하라(Fail fast)'는 구호 너머 '빨리 학습하고 반복하라(Learn fast and iterate)'는 성숙한 관점으로 나아간다. 비교적 적은 비용이 드는 빠른 실패는 값비싼 대규모 실패를 막아주는 최고의 예방주사다. 이러한 철학을 성공적으로 구현하기 위해서는 실험을 통해 학습하고 실패를 용인하는 조직문화적 기둥과 AI 결과에 대해 실제 사용자가 피드백을 줄 수 있는 '인간 피드백 루프 human feedback loop'를 시스템에 내장하는 기술적 기둥이 필요하다. [4]

8주 완성, 린 AI MVP 실행 로드맵

아이디어 발상부터 가치 증명까지 8주 안에 린 AI MVP 를 완성하는 구체적인 실행 로드맵은 다음과 같다. 1~2주 차 에는 검증하고자 하는 핵심 비즈니스 가설을 한 문장으로 명확 하게 정의하고 이를 측정할 구체적인 KPI를 설정한다. 3~4 주 차에는 완벽한 인프라 대신 MVP에 필요한 최소한의 데이 터를 공급할 단순한 파이프라인을 구축하고 클라우드 플랫폼 의 사전 학습 모델이나 실제 문제에 기계학습을 적용하는 자동 화된 기계학습 Automated Machine Learning·AutoML 서비스를 활용 해 가장 빠르게 작동하는 모델을 만든다. 이후 5~6주 차에는 개발된 MVP를 소수의 전문가 그룹에게만 제한적으로 공개해 알파 테스트를 진행하고, 정량적 데이터뿐만 아니라 귀중한 질 적 피드백까지 수집한다. 마지막 7~8주 차에는 수집된 데이 터와 피드백을 종합적으로 분석해 가설 입증 여부를 확인하고, 그 결과를 바탕으로 다음 단계를 위한 비즈니스 케이스 초안을 작성한다.

심장이 멎기 전에 공장의 비명을 듣다

2020년 글로벌 식음료 기업 펩시코 PepsiCo가 어떻게 린 AI MVP를 통해 거대한 성공의 첫 단추를 꿰었는지 살펴보자.[5] 펩시코의 한 과자 공장은 핵심 포장 라인의 컨베이어 시스템이 예고 없이 멈출 때마다 시간당 2만 달러 이상의 막대한 손실을 보고 있었다. 이 문제의 고통점을 해결하기 위해 '인간의 귀로는 들을 수 없는 컨베이어 모터의 미세한 비명(진동 및 온도 데이터)을 AI로 분석하면 고장을 미리 예측해 예방할 수 있다'는 가설을 세웠다. 데이터 과학자와 설비 엔지니어로 구성된 소규모 팀은 8주 프로젝트에 착수하고 클라우드 AI 플랫폼의 이상 탐지 서비스를 활용해 단 4주 만에 간단한 예측 모델을 개발했다. 그들은 가장 고장이 잦은 생산 라인에 있는 5개의 모터만을 집중 감시 대상으로 삼았다.

프로젝트 6주 차, 시스템이 3번 모터에서 미세한 진동 패턴 이상을 감지하고 경고를 보냈다. 당시 현장의 모든 계측기 수치는 정상 범위 내에 있었지만 팀은 반신반의하며 모터를 점검했고 그 안에서 막 마모가 시작되려는 초기 단계의 베어링 균열을 발견했다. 15분짜리 간단한 부품 교체 작업으로 자칫 8시간 동안 전체 라인을 멈추게 할 뻔했던 치명적인 고장을 막았다. 단 한 번의 정확한 예측으로 회사는 16만 달러 이상의 손실을 막은 것이다. 이 작지만 강력한 성공 사례는 그 자체로 시스템 효과에 대한 가장 강력한 증거가 되었고 경영진은 즉시 이 시스템을 공장 전체로 확대하기 위한 예산을 승인했다.

과정 3. 성공 증명하기

MVP를 통해 가설을 검증하고 의미 있는 결과를 얻었다면 이제 마지막이자 가장 중요한 단계가 남았다. 바로 데이터 기반 비즈니스 케이스 구축이다. 이는 작은 성공을 조직 전체가 이해하고 공감할 수 있는 언어로 번역해 다음 단계로 나아가기 위한 공식적인 지지와 자원을 확보하는 절차다.

프로젝트 팀의 열정이나 감동적인 성공 스토리는 동료들의 박수를 받을 수는 있지만 최고 경영진의 지갑을 열게 하지는 못한다. 비즈니스의 언어는 오직 하나, '숫자'다. 특히 C레벨 경영진을 설득하기 위한 언어는 ROI다. 따라서 MVP를 통해 얻은 모든 결과를 철저하게 재무적 가치로 환산하는 작업이 필요하다.

$$\text{ROI}(\%) = \{(\text{획득 가치} - \text{MVP 비용})/\text{MVP 비용}\} \times 100$$

여기서 획득 가치를 정의하는 것이 가장 중요하다. 획득 가치는 눈에 보이는 직접 가치와 잠재적인 간접 가치로 나누어 계산해야 한다. 직접 가치는 앞서 펩시코의 예측 정비 사례처럼 예방한 손실 비용이나 절감된 연간 인건비 등 구체적인 금액으로 환산 가능한 가치를 의미한다. 간접 가치는 직원 만족도나 고객 경험 개선과 같은 무형의 가치를 정량화하는 노력으로, 예를 들어 반복 업무 자동화로 인한 직원 만족도 향상이 이직률 감소와 신규 채용 비용 절감으로 이어지는 것을 보여줄 수 있다.

데이터를 준비했다면 이제 데이터들을 설득력 있는 이야기로 엮어내야 한다. 가장 효과적인 비즈니스 케이스는 '과거-현재-미래'라는 3막 구조의 스토리텔링 형식을 따른다. 1막 '과거'에서는 "지난 한 해 동안 이 고통점은 우리 회사에 ○○억 원의 직접적인 손실을 야기했습니다"와 같이 문제의 심각성을 정량적으로 환기시키는 것으로 시작한다. 2막 '현재'에서는 "이 문제를 해결하기 위해 우리는 총 ○○만 원의 비용으로 8주간 MVP 프로젝트를 진행했고 그 결과 핵심 KPI를 ○○% 개선하는 데 성공했습니다"처럼 실행한 MVP의 구체적인 결과를 제시한다. 마지막 3막 '미래'에서는 "이 솔루션을 전사적으로 확대 적용할 경우 향후 2년간 약 ○○억 원의 가치를 창출할 것으로 예상됩니다"와 같이 이 작은 성공을 조직 전체로 확장했을 때 얻게 될 거대한 비전을 제시하며 마무리한다.

훌륭한 비즈니스 케이스 문서를 만드는 것만으로는 충분하지 않으며 이 성공 스토리를 조직 전체에 효과적으로 전파해야 한다. 전사 타운홀 미팅이나 사내 뉴스레터 등 다양한 채널

을 통해 성공 스토리를 적극적으로 알려야 하며, 이때는 MVP
에 직접 참여했던 현업 직원이 자신의 경험을 생생하게 공유하
는 방식이 훨씬 효과적이다. 조직 내부에 "우리도 성공을 경험
하고 싶다"는 자발적인 공감대와 기대감이 형성될 때 다음 단
계로 나아가는 길은 저절로 열린다.

단계 2. 검증된 성공 확보하기(Solid Success)
— 성공의 불씨를 확산시켜라

작은 불씨를 어떻게 거대한 화롯불로 키울까? 앞서 우리는 조
직의 가장 아픈 곳을 해결하는 작지만 의미 있는 첫 승리를 확
보했다. 칠흑 같은 어둠 속에서 AI의 가능성을 증명한 성공은
하나의 소중한 불씨와 같다. 하지만 이 불씨는 저절로 타오르
지 않는다. 거센 바람이 불면 순식간에 꺼지고 방치하면 희미
한 온기마저 잃은 채 한 줌의 재로 변할 뿐이다.

이 단계의 목표는 바로 이 위태로운 불씨를 조직 전체를
따뜻하게 만들고 혁신 동력을 끊임없이 공급하는 거대하고 안
정적인 화롯불로 키우는 것이다. 이를 위해서는 불이 안전하고
효율적으로 그리고 지속적으로 타오를 수 있는 견고한 구조물,

즉 화로를 만들어야 한다. 화로는 세 개의 핵심적인 기둥으로 이루어져 있다. 첫째는 불이 어디까지 어떻게 번져야 하는지 규칙을 정하는 거버넌스, 둘째는 불이 꺼지지 않도록 마른 장작을 체계적으로 공급하는 기술 인프라, 셋째는 타오르는 불의 열기를 가장 필요한 곳에 전달해 실질적인 가치를 만들어내는 프로세스가 그것이다.

많은 리더가 첫 성공에 고무되어 이 기반 공사를 건너뛰고 성급하게 다음 프로젝트로 돌진하는 실수를 저지른다. 이는 모래 위에 화려한 성을 쌓으려는 시도와 같다. AI 프로젝트가 개념 증명 단계 이후에 좌초하는 '파일럿 마비 pilot paralysis' 현상을 극복하고 성공적으로 AI를 확장하는 기업들은 예외 없이 이 단계에서 체계적인 기반을 다진다는 공통점을 보인다.[6] 따라서 이번 단계는 새로운 AI 모델을 더 만드는 기술 개발 단계가 아니다. 이것은 첫 성공을 제도화하고 산업화해 일회성 행운이 아닌 예측 가능하고 반복 가능한 성공 시스템을 구축하는 가장 중요한 과정이다.

과정 1. AI 거버넌스 제정하기

첫 번째 성공 이후 조직 내부에는 AI에 대한 기대감과 호기심이 급격히 확산된다. 하지만 이때 공식적인 도구나 명확한 가이드라인이 없다면 어떤 일이 벌어질까? 직원들은 각자도생의 길을 걷기 시작한다. 개인 이메일 계정으로 가입한 무료 생성형 AI 툴에 회의록을 통째로 입력해 요약을 요청하고 검증되지 않은 외부 애플리케이션에 회사의 민감한 고객 데이터를 업로드해 분석을 시도한다. 마치 어느 날 갑자기 도시의 모든 시민에게 고성능 스포츠카가 한 대씩 주어졌는데 도로에는 신호등도, 차선도, 속도 제한 표지판도 없는 상황과 같다. 모두가 더 빨리 목적지에 도달하기 위해 질주하지만 도시는 이내 걷잡을 수 없는 혼돈과 대형 사고로 마비될 것이다.

이처럼 조직 내에서 통제되지 않은 채 무분별하게 사용되는 비공식 AI를 '섀도우 AI shadow AI'라고 부른다. 멘로시큐리티 Menlo Security의 보고서는 이 위험이 단순한 기우가 아님을 숫자로 증명한다. 직원의 68%가 회사의 승인을 받지 않은 무료 AI 툴을 사용하고 있으며 이들 중 57%가 해당 툴에 업무 관련 민감 데이터를 입력한 경험이 있다는 것이다.[7] 이는 단순한 비효율을 넘어 조직에 치명적인 결과를 초래한다. 여기서 많은 리더들이 '금지'라는 가장 손쉬운 해결책을 찾는 함정에 빠진다. 이는 세차게 흐르는 강물을 손으로 막으려는 것과 다름없는 어리석은 시도다.

성공적인 AI 거버넌스의 출발점은 관점의 전환에 있다.

거버넌스의 진정한 목적은 혁신을 억압하고 통제하는 것이 아니라 직원들이 마음껏 창의성을 발휘하며 달릴 수 있는 '안전한 고속도로'를 깔아주는 것이다. 이때 AI 거버넌스를 살아 움직이게 만들 강력한 구심점이 필요하다. 그것이 바로 전사적 'AI 거버넌스 위원회 AI governance committee'다. 위원회는 AI 전환의 총체적인 컨트롤 타워 역할을 수행한다. 위원회 설립의 가장 중요한 원칙은 '다기능 팀 cross-functional team'으로 구성해야 한다는 것이다. AI의 영향력은 조직의 모든 기능에 거미줄처럼 뻗어 나가기 때문에 위원회는 반드시 법무, 인사, 재무, 마케팅, 보안 등 다양한 부서의 핵심 리더들을 포함해야만 한다. 특히 CEO가 직접 AI 거버넌스를 관장하는 기업이 월등히 높은 투자 수익을 얻는다는 연구 결과는 최고 경영진의 직접적인 참여와 후원이 위원회의 성공을 위한 필수 조건임을 보여준다.[8]

가트너 AI TRiSM 프레임워크

컨트롤 타워를 세웠으니 이제 AI 시스템이라는 복잡한 건축물을 안전하고 튼튼하게 짓기 위한 구체적인 설계도가 필요하다. 수많은 기업과 기관에서 사실상 업계 표준으로 자리 잡은 가트너 Gartner의 'AI 신뢰·위험·보안 관리 AI Trust, Risk and

[표 6] AI 거버넌스 위원회의 역할과 책임 템플릿

참여 부서	핵심 역할 및 책임	주요 고려사항
최고 경영진 (CEO/위원회 의장)	전사 AI 전략 및 비전 제시, 최종 의사결정, 리스크 수용 범위 설정, 자원 배분	강력한 스폰서십을 통해 AI 전환의 중요성을 전사에 각인시켜야 함
법무/컴플라이언스	국내외 AI 규제 준수, 데이터 프라이버시, 지적재산권, 계약 리스크 관리	AI의 확률론적 특성으로 인한 법적 책임 소재를 명확히 정의해야 함
IT/기술(CTO)	확장 가능한 기술 스택 표준화, 인프라 관리, 기술적 타당성 검토	특정 벤더에 종속되지 않는 유연하고 개방적인 아키텍처 설계
데이터(CDO)	데이터 품질 및 접근성 보장, 데이터 거버넌스 정책 수립, 데이터 편향성 관리	쓰레기를 넣으면 쓰레기가 나온다는 개념에 따라 고품질 데이터 확보가 최우선 과제
정보보안(CISO)	AI 모델 및 데이터에 대한 사이버 보안 위협 관리, 접근 제어, 취약점 분석	AI 시스템 자체가 새로운 공격 표면이 될 수 있음을 인지해야 함
인사(CHRO)	직원 재교육(reskilling) 및 역량 강화(upskilling) 프로그램 기획, AI 윤리 강령 수립 및 내재화	AI로 인한 역할 변화와 직원의 불안감을 관리하는 변화 관리의 주체
현업 부서 리더	실제 비즈니스 문제 정의, AI 활용 사례 발굴 및 우선순위 결정, ROI 측정	무조건적 기술 도입이 아닌 현장의 필요에서 출발하도록 보장하는 목소리 역할

Security Management·AI TRiSM'프레임워크가 바로 그 설계도다. AI TRiSM은 이름 그대로 AI를 도입하고 운영하는 전 과정에서 신뢰, 위험, 보안을 체계적으로 관리하기 위한 통합적인 청사진을 제공한다. 가트너는 두 가지 중요한 지점을 강조한다. 첫째, AI가 작동하는 운영 환경에서 발생하는 위험을 실시간으로 감시하고 통제하는 기술이 필수가 되었다는 점이다. 둘째, 스스로 판단하고 행동하는 '에이전틱 AI agentic AI'의 등장이 새

[표 7] 비즈니스 리더를 위한 가트너 AI TRiSM 프레임워크 해부

TRiSM 계층	'AI 도시 건설' 비유	핵심 목표	리더의 핵심 질문
1. AI 거버넌스 (AI governance)	도시 계획 및 건축법 제정	조직 내 모든 AI 자산(모델, 애플리케이션, 에이전트)을 파악하고 사용 목적과 리스크 등급을 정의하며 책임 소재를 명확히 한다.	"우리 회사에 어떤 AI 건물들이 어떤 용도로 얼마나 위험하게 지어지고 있는가? 건축 허가는 누가 내주는가?"(AI 자산 인벤토리 구축 및 리스크 평가 프로세스 수립)
2. 실행 시점 검사 및 강제 적용(runtime inspection & enforcement)	CCTV 및 교통경찰 운영	AI가 실제로 작동하는 시점(runtime)을 실시간으로 감시해 데이터 유출, 유해 콘텐츠 생성, 정책 위반과 같은 위험한 행동을 즉시 탐지하고 차단한다.	"도로에서 과속이나 신호 위반은 없는가? 사고 발생 시 즉시 출동할 수 있는가?"(실시간 프롬프트/결과물 모니터링 및 자동 차단 시스템 도입)
3. 정보 거버넌스 (information governance)	상하수도 및 개인정보 보호 시스템	AI 시스템에 들어가는 데이터(input)와 나오는 데이터(output)가 깨끗하고 안전하게 관리되도록 보장한다. 민감 정보는 식별하고 접근을 통제하며 규정에 맞게 처리한다.	"도시에 공급되는 물은 깨끗한가? 시민들의 개인정보가 담긴 쓰레기는 안전하게 처리되는가?"(데이터 분류 및 접근 제어 정책을 AI 워크플로우에 적용)
4. 인프라 및 기술 스택 통제 (infrastructure & stack control)	지진 대비 내진 설계 및 기반 공사	AI 시스템이 구동되는 기술적 기반(클라우드, API, 모델 자체)을 외부 공격으로부터 안전하게 보호한다.	"도시의 기반은 튼튼한가? 지진이나 해킹 같은 외부 충격에 견딜 수 있는가?"(API 키 관리, 제로 트러스트 원칙 적용 등 기술적 보안 강화)

로운 위험을 야기하므로 이에 대한 선제적인 대비가 시급하다는 것이다.[9] 이 복잡한 프레임워크를 'AI 도시 건설'이라는 비유를 통해 쉽게 이해하고 실행할 수 있도록 옮긴 것이 [표 7]이다.

과정 2. 기술 표준화하기

첫 번째 성공에 고무된 여러 부서에서 너도나도 AI 프로젝트를 시작하지만 이상하게도 두 번째, 세 번째 프로젝트는 첫 번째보다 훨씬 더 오래 걸리고 더 많은 비용이 들며 결과물의 품질은 오히려 떨어지는 현상이 발생한다. 왜일까? 이는 조직의 발목을 잡고 있는 보이지 않는 족쇄, 바로 기술 부채 technical debt 와 데이터 사일로 때문이다.

기술 부채는 단순히 IT 부서의 골칫거리가 아니다. 기업의 42%가 AI 프로젝트 대부분을 중도에 포기한다. 가장 큰 이유는 비용 초과와 데이터 관련 문제를 꼽았다는 조사 결과도 있다.[10] 이는 기술 부채가 혁신의 속도를 저하시키고 유지보수 비용을 눈덩이처럼 불리며 결국 AI가 가져다줄 막대한 비즈니스 가치를 잠식하는 보이지 않는 암적인 존재임을 명확히 보여준다.

데이터 플랫폼 현대화

AI 시대에서 데이터는 더 이상 비즈니스 활동의 부산물이 아니라 AI라는 강력한 엔진을 구동하는 핵심 연료이자 그 자체로 막대한 가치를 지닌 전략적 제품이다. 성공적인 AI 확장을 위해서는 각 부서의 엑셀 파일, 낡은 데이터베이스 등에 흩어져 있는 데이터 늪을 모든 구성원이 쉽게 접근하고 활용할 수 있는 깨끗하고 잘 정비된 중앙 저수지로 탈바꿈시켜야 한다. 바로 '데이터 플랫폼 현대화'다. 성공적인 데이터 기반 기업들은 잘 정비된 플랫폼 위에서 데이터 과학자들이 데이터 준비에 낭비하던 시간을 획기적으로 줄이고, 모델 개발이라는 본연의 고부가가치 업무에 온전히 집중할 수 있게 한다. [11]

데이터 플랫폼 현대화의 구체적 사례로 CJ제일제당의 지식 자산화 프로젝트를 살펴보자. 2023년 4분기부터 2024년 상반기까지 직접 기획하고 추진했던 프로젝트다.

출발은 흩어진 지식의 늪에서였다. CJ제일제당은 식품과 바이오 사업을 영위하며 수십 년간 방대한 지식을 축적했다. 하지만 그 지식은 개인 PC 파일, 이메일, 구 지식관리시스템, 각종 협업 툴 등에 파편화되어 있었다. 신입사원이 'M&A 실사 시 주의사항'을 찾으려면 선배에게 물어보거나 여러 시스템을 뒤지며 반나절을 허비해야 했다.

1단계, 지식 자산화(2023년 12월~2024년 3월)

첫 단계는 흩어진 지식을 한곳에 모으는 것이다. 하지만 단순히 파일을 복사하는 것이 아니라 '자산'으로 만드는 것이 목표였다. 각 문서에 메타데이터(작성자, 날짜, 부서, 주제 태그 등)를 부여하고 중복 제거, 최신 버전 관리 등 데이터 품질을 확보했다. 특히 구 지식관리시스템에 있던 10년 이상된 문서들을 전수 검토했다. 법무, 인사, 재무 등 각 부서 전문가들과 협업해 여전히 유효한 지식과 폐기할 내용을 분류했다. 결과적으로 약 15만 건의 문서 중 실제로 가치 있는 5만여 건을 정제된 형태로 확보했다.

2단계, AI 검색 체계 구축(2024년 1월~2024년 4월)
지식이 정리되면 다음 과제는 찾기 쉽게 만드는 것이다. 기존 키워드 검색 방식은 한계가 명확했다. 'M&A 실사 체크리스트'라고 정확히 입력해야 찾을 수 있고 '인수합병 시 주의할 점'이라고 물으면 아무것도 나오지 않았다.

여기서 기계독해 기술을 도입했다. 국내 스타트업 포티투마루 **42Maru**의 경량화언어모델 smaller large language model·sLLM을 활용해 자연어 질문을 이해하고 문서에서 정확한 답변 구간을 찾아주는 시스템을 구축했다. 예를 들어 "법무팀 계약서 검토 시 꼭 확인해야 할 조항은?"이라고 물으면 관련 문서들을 찾아주고 핵심 조항을 강조해서 보여준다.

초기에는 법무 FAQ 서비스, 경영관리 규정 검색, R&D 특허 분류 가이드라인 등 3개 영역에 파일럿으로 적용했다. 사용자 테스트 결과, 정보 검색 시간이 평균 60% 이상 단축되었고 특히 신입과 경력 할 거 없이 직원들 만족도가 높았다.

3단계, RAG 기반 생성형 AI 통합(2024년 4월~)

2024년 2분기부터는 검색증강생성 파이프라인을 구성하고 생성형 AI를 통합했다. 단순히 문서를 찾아주는 것을 넘어 질문에 대한 답변을 생성하되 반드시 실제 문서를 근거로 제시하도록 설계했다. 이는 생성형 AI의 환각 문제를 해결하는 핵심 장치였다. 또한 자연어로 물으면 데이터베이스를 조회하는 구조적 질의 언어 structured query language·SQL를 자동 생성하도록 'Text-to-SQL' 기능을 추가했다. 예를 들어 "작년 4분기 식품 사업부 매출 상위 5개 제품은?"이라고 물으면 시스템이 SQL을 생성해 실행하고 결과를 보기 좋게 정리해서 보여준다.

이 프로젝트를 통해 얻은 교훈은 명확하다. AI 도입의 전제는 데이터 정비다. 쓰레기 데이터에 아무리 훌륭한 AI를 적용해도 쓰레기만 나온다. CJ제일제당의 경우 지식 자산화에만 3개월 이상을 투입했고 이것이 이후 AI 적용의 견고한 기반이 되었다.

AI 모델 생산 라인 구축

AI모델운영체계의 개념은 제조업 생산 라인의 개념과 정확히 일치한다. 이전 단계에서 숙련된 장인이 한 땀 한 땀 손으로 명품 자동차 한 대(MVP 모델)를 만드는 데 성공했다면, 이제 목표는 AI모델운영체계를 통해 그 자동차를 하루에 수천 수만 대씩 오차 없는 동일한 품질로 대량 생산할 수 있는 고도로 자동화된 생산 라인, 즉 스마트 팩토리를 짓는 것이다. AI모델운영체계는 AI 모델의 전체 수명 주기를 자동화하고 표준화하는 일련의 관행과 기술을 총칭한다. 이를 통해 AI 모델 개발은 더 이상 소수의 뛰어난 데이터 과학자의 개인적인 역량과 감에 의존하는 예술의 영역이 아니라 정해진 절차와 시스템에 따라 누구나 예측 가능한 결과를 만들어낼 수 있는 공학의 영역으로 진입하게 된다.

과정 3. 프로세스 재설계하기

AI를 단순히 인간의 반복적인 업무를 대신 처리해주는 더 빠른 계산기로만 본다면 그 잠재력의 절반밖에 활용하지 못하는 것이다. 진정한 가치 창출은 AI를 인간의 지능과 창의성을 증강시키는 협업 파트너이자 동료로 인식하고 인간과 AI가 함께 일하는 협업 모델을 근본적으로 재설계할 때 비로소 발현된다.

[표 8] 인간-AI 협업 매트릭스(언제 누구에게 맡길 것인가?)

	데이터 의존도/반복성 낮음	데이터 의존도/반복성 높음
복잡성/ 창의성 높음	인간 주도, AI 보조 (human-led, AI-assisted) • 예시: 신사업 전략 수립, 핵심 고객과의 협상, 위기관리 • 역할: 인간이 최종 판단, AI는 자료 조사 및 시나리오 분석 지원	인간-AI 협업 (human-in-the-loop) • 예시: 신약 후보물질 발굴, 금융 상품 설계, 정교한 마케팅 캠페인 기획 • 역할: AI가 수천 개 옵션 제안, 인간이 최종 선택 및 미세 조정
복잡성/ 창의성 낮음	프로세스 개선 대상 (re-evaluate process) • 예시: 불필요한 보고서 작성, 중복되는 승인 절차 • 역할: AI 도입 이전에 프로세스 자체를 제거하거나 단순화할 필요가 있음	AI 주도 자동화 (AI-led automation) • 예시: 고객 문의 자동 분류, 송장 처리, 생산 라인 품질 검사 • 역할: AI가 대부분의 업무 수행, 인간은 예외 상황 처리 및 감독

즉 우리는 일하는 방식을 다시 짜야 한다.

성공적인 협업의 핵심은 각자가 가장 잘하는 일에 집중하고 서로의 약점을 보완하는 것이다. AI는 방대한 양의 데이터를 순식간에 처리하고 미세한 패턴을 인식하는 작업에 절대적인 강점을 가진다. 반면 인간은 복잡하고 미묘한 사회적 맥락을 이해하고 공감과 윤리적 판단을 내리는 영역에서 AI가 따라올 수 없는 능력을 발휘한다. 성공적인 프로세스 재설계는 이 둘의 강점을 최적으로 결합하는 새로운 과정이다.

가장 큰 장벽은 사람의 마음

수많은 AI 프로젝트가 기술적 한계가 아니라 사람들의

저항 때문에 실패한다. 기업의 변화 관리 프로그램 중 최대 70%가 직원들의 저항이나 경영진의 불충분한 지원으로 인해 실패로 돌아간다. [12] 직원들은 일자리를 잃을 것이라는 두려움, 새로운 기술을 배워야 한다는 부담감 등 복합적인 이유로 변화에 저항한다.

따라서 성공적인 AI 확산에는 조직 구성원의 마음을 얻는 섬세한 변화 관리 전략이 필요하다. 이를 위한 핵심 전략들이 있다. 먼저, 각 팀에서 기술에 대한 호기심이 많고 긍정적인 영향력을 미치는 이른바 'AI 챔피언'을 발굴하고 육성해 변화를 전파해야 한다. 또한 "AI가 내 일을 빼앗는 것이 아니라 내가 하기 싫은 귀찮은 일을 대신해주는구나"라고 느낄 수 있도록 작고 반복적인 성공으로 믿음을 증명하는 것이 중요하다. 마지막으로, 직원들이 느끼는 불안감을 인정하고 공감하는 자세로 투명하게 소통하며 회사가 직원들의 역량 전환을 돕기 위해 어떤 교육 프로그램을 준비하고 있는지 공유해야 한다.

AI는 일의 본질 자체를 근본적으로 바꾸고 있다. 세계경제포럼 WEF은 AI 시대에 인간의 역할이 창의성, 비판적 사고, 복잡한 문제 해결, 공감과 소통과 같은 고차원적인 역량으로 빠르게 이동할 것이라고 강조했다. [13] 따라서 미래를 대비한 직원들의 재교육과 역량 강화는 더 이상 선택이 아니다. 성공적인 전략은 미래에 필요한 핵심 역량을 정의하고 현재 역량과의 격차를 분석하며 개인의 역할과 목표에 맞는 맞춤형 학습 경로를 제공하는 체계적인 단계를 따른다. 이를 통해 기업은 많은 비용을 들여 외부에서 희소한 인재를 영입하는 대신 기존의 충성도 높은 내부 인력을 미래형 인재로 육성하는 선순환 구조를 만들 수 있다.

단계 3. 정교하게 확장하기(Smart Scaling)
— AI를 조직의 DNA로 만들어라

지난 여정을 통해 하나의 작은 불씨를 소중히 키워 조직의 어둠을 밝히는 모닥불로 만들어냈다. 첫 단계 '작은 시작'에서 얻은 첫 번째 승리는 AI에 대한 막연한 두려움을 구체적인 확신으로 바꾸었고, 다음 단계 '검증된 성공'에서는 거버넌스, 기술 표준 그리고 재설계된 프로세스라는 튼튼한 화로를 만들어 그 불길이 안정적으로 타오를 수 있는 기반을 마련했다. 이제 마지막이자 가장 원대한 도전, AI가 더 이상 특별한 프로젝트가 아닌 숨 쉬는 공기처럼 당연하고 필수적인 조직의 DNA로 만드는 '정교한 확장(Smart Scaling)' 단계를 앞두고 있다.

이 단계의 핵심은 '프로젝트'라는 단어와의 결별이다. 지금까지 AI를 개별 프로젝트 단위로 접근해왔지만 조직 전체의 수요를 감당하기에는 너무 느리고 비싸며 비효율적이다. 이제 AI를 생산 관점으로 전환해 고품질의 AI 솔루션을 예측 가능한 시간과 비용으로 안정적이고 반복적으로 만들어낼 수 있는 최첨단 AI 팩토리를 구축해야 한다. AI 팩토리는 단순히 더 많은 프로젝트를 더 빨리 해치우는 것이 아니라 AI 개발, 배포, 운영의 전 과정을 산업화하는 근본적인 패러다임의 전환이다. 이 공장의 심장에는 AI모델운영체계라는 강력한 자동화 엔진이 자리 잡고 있으며 에너지원은 데이터 중심의 실험 문화다.

AI 팩토리

AI 팩토리는 AI를 조직의 핵심 역량으로 전환하고자 하는 모든 리더가 반드시 이해해야 할 가장 중요한 전략적 모델이다. 이는 이전 단계까지 의존했던, 소수 전문가가 특정 문제를 해결하는 장인 모델의 한계를 극복하기 위한 유일한 해법이다. 장인 모델의 한계에 갇히면 기업은 몇몇 성공적인 파일럿 프로젝트 이후 더 이상 나아가지 못하는 파일럿 마비 상태에 빠진다.

성공적인 AI 팩토리는 여러 요소가 유기적으로 결합되

어 작동한다. 통합 데이터 플랫폼, 확장 가능한 컴퓨팅 자원, 표준화된 개발 환경과 같은 기반이 가장 기본적인 전제 조건이다. 그 위에서 AI 모델의 전체 생명주기를 자동화하고 안정적으로 만드는 운영 철학이자 시스템인 AI모델운영체계 자동화 파이프라인이 공장의 핵심 엔진 역할을 한다. 마지막으로, 최첨단 설비를 움직이는 것은 결국 사람과 문화이므로 데이터 기반 실험 문화, 지속적인 학습, 강력한 변화 관리와 같은 운영 체제가 필수적이다.

많은 경영진이 AI모델운영체계를 IT 부서의 기술적인 문제로 치부하는 실수를 저지른다. 하지만 MLOps는 속도의 경제, 품질과 신뢰성, 규모의 경제, 거버넌스와 규제 준수를 가능하게 하는 AI 투자의 성패를 좌우하는 가장 중요한 비즈니스 전략이다.

AI 네이티브 기업으로의 진화

'정교한 확장' 단계는 이 책에서 말하는 AX 전략의 마지막 여정이자 새로운 시작을 의미한다. AI 팩토리 구축은 단순히 기술적인 시스템을 도입하는 것 이상으로 조직의 운영 철학과 문화를 근본적으로 바꾸는 변혁의 과정이다. 이 공장이 성공적으로 가동되기 시작하면 AI는 더 이상 '도입해야 할 대상'이 아니라 '우리가 생각하고 일하는 방식 자체'가 된다. 이것이 바로 AI가 조직의 DNA에 완전히 통합된 AI 네이티브 기업의 모습이다. 이 단계에 도달한 기업에게 AI는 더 이상 위협이나 도전이 아니라 불확실한 미래를 헤쳐나가는 가장 강력한 무기이자 성장 엔진이 될 것이다.

AX 글로벌 타이탄들

지금까지 AX 플레이북 3단계 경로를 살펴보았다. 물론 이론은 견고하지만 진정한 확신은 현실 세계의 증명에서 나온다. 이제 이론이라는 지도를 내려놓고 험난한 AX 바다를 성공적으로 항해한 글로벌 타이탄의 실제 항해 일지를 펼쳐볼 시간이다. 여기서 탐구해볼 넷플릭스 Netflix, 유니레버 Unilever, JP모건 체이스 JPMorgan Chase는 단순히 AI 기술을 도입한 기업이 아니다. 이들은 각자의 영역에서 AI를 조직의 DNA에 통합해 시장의 규칙을 재정의하고 경쟁자가 따라올 수 없도록 해자를 구축했다. 그들의 여정은 AX 플레이북의 원칙들이 어떻게 현실에서 구현되고 작동하는지 보여준다.

넷플릭스가 AI 혁신을 산업화한 방법

넷플릭스는 AI 혁신을 만들어내는 과정 그 자체를 최적화하는 데 집중했다. 그들은 개별 AI 모델이라는 제품을 만드는 것을 넘어 고품질 AI 모델을 빠르고 안정적으로 대량 생산하는 공장을 건설했다. 그 심장에는 '메타플로우 Metaflow'라는 강력한 AI모델운영체계 엔진이 있다. [14]

넷플릭스의 성공 신화 이면에는 심각한 성장통이 있었다. 넷플릭스에는 세계 최고 수준의 데이터 과학자들이 있었다. 그들은 모델을 만드는 데는 탁월했으나 방대한 데이터에 접근하고 복잡한 라이브러리 의존성을 관리하며 개발한 코드를 클라우드 환경에 배포하는 과정에서 엄청난 시간을 허비하고 있었다.

상황은 이렇다. 넷플릭스의 데이터 과학자가 수십억 개의 시청 데이터를 분석하다가 개인화 추천 알고리즘을 획기적으로 개선할 아이디어를 떠올린다. 그의 머릿속에서는 새로운 모델이 이미 작동하고 있지만 현실은 다르다. 먼저 모델 학습에 필요한 방대한 데이터에 접근하기 위해 여러 부서에 요청하고 며칠을 기다려야 한다. 어렵게 데이터를 받았지만 자신의 노트북에서는 감당할 수 없는 규모다. 클라우드 서버를 사용하려니 이번에는 자신이 사용하려는 최신 AI 라이브러리와 서버의 소프트웨어 버전이 충돌한다. 여러 어려움 끝에 모델을 훈련시키고 나니 실험 결과를 동료들과 공유하고 실제 서비스에 적용하는 과정은 또 다른 큰 장벽이었다. 그는 데이터 과학자로 입사했지만 업무 시간 대부분은 데이터 엔지니어나 IT 관리자 일을 하는 데 사용하고 있었다. 데이터 과학자가 인프라 문제 해결에 시간을 쓴다는 것은 비즈니스 가치를 창출하는 모델링에 시간을 쓰지 못한다는 의미였고 이는 넷플릭스의 AI 혁신 속도를 저해하는 가장 큰 병목 현상이었다. 이처럼 인프라가 과학을 질식시킬 때 창작자는 딜레마를 겪는다. 문제는 인재의 부족이 아니라 창의성의 속도를 따라가지 못하는 비효율적인 프로세스에 있었다.

넷플릭스의 천재성은 이 문제를 해결하기 위해 AI의 결과물을 확장하기 전에 먼저 AI 개발 프로세스를 확장해야 한다는 사실을 간파한 데 있다. 그들은 데이터 과학자들이 겪는 공통적인 인프라 문제를 한 번에 해결해주는 플랫폼, 메타플로우를 자체 개발했다. 메타플로우의 핵심 철학은 '인간 중심'이다. 메타플로우는 단순한 소프트웨어 도구가 아니라 AI 개발 과정의 모든 '궂은일'을 자동화해 데이터 과학자를 해방시키겠다는 인간 중심적 철학이 담긴 전략적 결과물이다.

메타플로우는 데이터 과학자의 하루를 바꿨다. 메타플로

우는 데이터 과학자가 가장 익숙한 언어인 파이썬 Python으로 평소처럼 코드를 작성하면 복잡한 인프라 관련 작업은 알아서 처리해준다. 데이터 과학자는 자신의 노트북에서 개발한 모델을 단 한 줄의 코드를 추가하는 것만으로 수천 개의 클라우드 서버에서 실행할 수 있으며 모든 실험 과정은 자동으로 기록되고 저장되어 언제든 완벽하게 재현할 수 있다. 대규모 데이터가 필요하면 복잡한 절차 없이 코드 한 줄로 거대한 데이터 웨어하우스에 즉시 접근한다. 모델 훈련에 수천 개의 서버가 필요할 경우 코드 맨 위에 '@batch'라는 명령 한 줄을 추가하는 것만으로 자신의 노트북에서 작성한 코드를 클라우드의 수천 개 CPU에서 동시에 실행시킬 수 있다. 그가 잠시 자리를 비운 사이 메타플로우는 모든 실험 과정의 코드, 데이터, 결과 모델을 자동으로 기록하고 저장해 언제든 과거의 실험을 완벽하게 재현할 수 있도록 보장한다.

메타플로우의 도입은 넷플릭스의 AI 개발 문화를 장인의 공방에서 최첨단 공장으로 완전히 바꿔놓았다. 우리가 넷플릭스에 접속할 때마다 보게 되는 상징적인 추천 알고리즘은 물론, 어떤 콘텐츠에 투자할지 결정하는 '콘텐츠 수요 예측 모델', 사용자마다 다른 포스터 이미지와 예고편을 보여주는 '초개인화 마케팅', 전 세계 사용자에게 최적의 화질을 제공하기 위한 '비디오 인코딩 최적화' 등 비즈니스의 가장 중요한 의사 결정 과정이 모두 메타플로우라는 AI 팩토리 위에서 작동한다. 넷플릭스의 사례는 AI모델운영체계가 단순히 기술적 효율성을 높이는 도구가 아니라 AI를 조직의 핵심 경쟁력으로 만드는 가장 중요한 전략적 투자임을 보여준다. AI 팩토리는 단순한 자동 추천 시스템을 넘어 새로운 비즈니스를 창조하는 힘을 만들어낸다.

더 자세히 말하면 메타플로우라는 강력한 내부 플랫폼은 넷플릭스의 비즈니스 가치와 직접적으로 연결된다. 이 플랫폼은 넷플릭스라는 제품 그 자체를 구성하는 수천 개의 기계학습 모델을 생산하는 엔진 역할을 한다. 내부적으로 메타플로우는 3000개 이상의 AI 및 기계학습 프로젝트를 지원하며 수억 건의 데이터 집약적인 컴퓨팅 작업을 처리한다.

먼저, 콘텐츠 수요 예측에 활용된다. 넷플릭스의 모든 오리지널 콘텐츠는 거대한 베팅이다. 과거 할리우드가 유명 감독의 감에 의존했다면 넷플릭스는 메타플로우 위에서 작동하는 콘텐츠 수요 예측 모델에 의존한다. AI는 전 세계 시청 데이터, 배우 인기도, 장르별 흥행 패턴, 소셜 미디어 버즈까지 분석해 구체적인 흥행 확률을 예측한다. 이는 천문학적인 투자의 실패 확률을 최소화하는 핵심적인 의사결정 도구다.

다음으로 초개인화 마케팅을 가능하게 한다. 넷플릭스의 개인화는 단순히 영화를 추천하는 데서 그치지 않는다. 같은 영화라도 사용자마다 전혀 다른 포스터 이미지와 예고편을 보여준다. 예를 들어, 로맨틱 코미디를 즐겨 보는 이용자에게는 새로운 액션 영화의 예고편에서 남녀 주인공의 애틋한 장면만을 편집해 보여주고 액션 영화 팬에게는 같은 영화의 자동차 추격씬과 폭발 장면만을 골라 보여준다. 이 모든 과정이 AI에 의해 실시간으로 수억 명에게 각기 다른 버전으로 생성되고 배포된다.

마지막으로 제작 과정 및 스트리밍을 최적화한다. AI는 촬영 스케줄, 예산 관리, 후반 작업 등 복잡한 제작 과정을 최적화하는 데도 사용된다. 또한 전 세계 수억 명의 사용자가 동시에 접속해도 버퍼링 없이 최적의 화질을 제공하기 위해 각 사용자의 네트워크 환경과 디바이스에 맞춰 실시간으로 비디오 데이터를 압축하고 전송하는 비디오 인코딩 최적화 모델 역시 메타플로우 위에서 작동한다.

유니레버, 아이스크림 냉동고에서 AI 팩토리까지

글로벌 소비재 기업 유니레버의 AX 여정은 AX 플레이북의 가장 교과서적인 사례다. 그들은 '전사적 디지털 혁신'이라는 거대하고 추상적인 구호에서 시작하지 않았다. 대신 햇볕이 쨍쨍한 날 녹아내리는 아이스크림 재고라는 너무나도 현실적이고 손에 잡히는 문제에서 출발했다. [15]

이는 유니레버 아이스크림 사업부가 직면한 오래된 난제다. 상상해보라. 유럽의 어느 여름날, 예보에 없던 폭염이 찾아온다. 온 도시가 녹아내리는 이때 아이스크림 가게에서는 재고가 순식간에 동나고 회사는 눈앞의 매출을 놓치며 발을 동동 구른다. 반대로 쌀쌀한 비가 내리는 주말을 앞두고 너무 많이 생산한 아이스크림은 창고에 틀어박히고 이제 영업이익이 녹아내린다. 돈이 액체로 변해 하수구로 흘러 들어가는 상황 그 자체다. 아이스크림은 유통기한이 짧고 작은 기온 변화에도 수요가 극심하게 요동치는 변덕스러운 제품이다. 유럽의 여름 기온이 평년보다 1도만 높아져도 판매 예측치는 완전히 뒤바뀐다. 과거 판매 데이터에 의존하는 기존의 수요 예측 방식은 마치 백미러만 보고 운전하는 것과 같다. 미래를 예측하기에는 너무도 무력하다.

유니레버는 이 문제를 해결하기 위해 AI를 활용한 '린 AI MVP'를 구축했다. 첫 번째 단계는 지역별 날씨 데이터, 과거 판매 데이터, 공휴일 정보 등 복잡하고 다양한 변수들을 AI 모델에 학습시켜 더 정확한 판매량을 예측하는 것이다. 내부적으로는 회의론도 만만치 않았을 것이다. "컴퓨터가 수십 년 경력의 판매 관리자보다 아이스크림이 언제 팔릴지 더 잘 안다는 말입니까?" 하지만 데이터는 편견 없이 이야기했다. 스웨덴에서 진행된 초기 프로젝트는 수요 예측 정확도를 10% 향상시켰다. 10%라는 숫자가 그다지 커 보이지 않을 수도 있다. 하지만 재고 관리 세계에서 10%는 곧 수백만 달러의 이익과 손실을 가르는 엄청난 차이다. 이 작지만 검증된 성공은 조직 전체에 강력한 메시지를 던졌다. AI가 단순히 기술적 유행이 아니라 실제 비즈니스 문제를 해결하고 비용을 절감하며 이익을 증대시킬 수 있는 실질적인 도구임을 증명한 것이다. AX에 대한 조직 내 회의론을 잠재우고 더 큰 투자를 위한 신뢰와 추진력을 확보하는 결정적인 계기가 되었다.

첫 번째 성공으로 자신감을 얻은 유니레버는 '정교한 확장'의 단계를 밟았다. 그들은 단순히 수요를 예측하는 것을 넘어 판매가 이루어지는 최전선, 즉 매장 자체를 지능화하기로 결정했다. 전 세계 60개국에 걸쳐 약 300만 대의 아이스크림 냉동고를 운영하는 유니레버는 이 방대한 오프라인 자산을 디지털 신경망으로 바꾸는 야심 찬 계획에 착수했다.

유니레버는 전 세계 10만 대 이상의 냉동고에 이미지 캡처 기술과 AI를 탑재했다. 이 스마트 냉동고는 더 이상 차가운

상자가 아니었다. 실시간으로 내부 재고를 파악해 중앙 시스템에 전송하는 살아 있는 뇌와 같았다. 이는 공급망 관리의 패러다임을 근본적으로 바꾸는 혁신이었다.

과거 영업사원은 트럭을 몰고 매장을 방문해 냉동고 문을 열어보고 나서야 무엇이 부족한지 알 수 있었다. 하지만 이제는 매장 방문 전에 태블릿으로 알림을 받는다. "A매장의 딸기맛 아이스크림 재고가 3개 남았습니다. B매장은 초코맛이 품절 직전입니다." 이를 통해 매장의 주문을 기다리는 수동적인 공급망에서 재고가 떨어지기 전에 선제적으로 제품을 보충하는 능동적이고 예측적인 공급망을 갖추게 된 것이다.

변화가 가져온 비즈니스 성과는 엄청났다. AI 냉동고가 도입된 매장에서는 소매점의 주문과 매출이 최대 30%까지 증가하는 놀라운 결과를 보였다. 이는 수요 예측에서 한 걸음 더 나아가 가장 세분화된 단위에서 공급을 적극적으로 관리하는 확장 전략이 어떻게 직접적인 매출 증대로 이어지는지 명확히 보여준다.

아이스크림에서 시작된 작은 성공은 이제 유니레버의 전체 제조 생태계를 혁신하는 거대한 동력이 되었다. 유니레버는 개별 사용 사례를 넘어 세계경제포럼이 4차 산업혁명 기술을 성공적으로 도입한 공장에 수여하는 '등대공장 Lighthouse

Factory' 네트워크를 구축하며 '정교한 확장'의 정점을 보여주었다.[16] 이 혁신의 중심에는 디지털 트윈 digital twin 기술이 있다. 이는 현실 공장을 가상 공간에 완벽하게 복제한, 공장의 쌍둥이 아바타다. 마치 인기 게임 '심시티 SimCity'처럼 실제 돈을 한 푼도 들이지 않고 가상 공장에서 새로운 생산 라인을 설계하고 수천 번의 시뮬레이션을 돌려 병목 현상을 미리 찾아내며 최적의 운영 방식을 찾아낼 수 있다.

인도 틴수키아에 위치한 유니레버의 등대공장은 디지털 트윈과 AI가 어떻게 결합해 경이로운 성과를 창출하는지 보여주는 대표적인 사례다.

• 초고속 생산 전환: 과거에는 다른 종류의 비누를 생산하기 위해 생산 라인의 기계들을 수동으로 조절하는 데 몇 시간씩 걸렸다. 이제는 AI 기반 비전 시스템이 새로 투입될 제품의 모양과 크기를 즉시 인식하고, 각 기계에 최적의 설정 값을 자동으로 전송한다. 라인 전환 시간이 85%나 단축되었다. 이는 급변하는 전자상거래 시장의 다양한 수요에 대응하는 핵심 역량이 되었다.

• 소비자 중심의 품질 혁신: 생성형 AI가 전 세계의 온라인 리뷰, 고객센터 문의, 소셜 미디어 게시글 수백만 건을 실시간으

로 분석해 소비자의 목소리를 듣는다. "새로 나온 샴푸 향이 너무 인공적이다", "포장지가 잘 뜯어지지 않는다"와 같은 불만을 97%의 정확도로 분석해 제품 개선에 즉각 반영했다. 고객 만족도는 73% 향상되고 제조 결함은 21% 감소했다.

• 지속 가능성의 가속화: 플라스틱 사용을 줄이기 위한 새로운 포장재를 도입하는 것은 수많은 실제 테스트와 비용을 수반한다. 유니레버는 디지털 트윈을 활용해 이 모든 실험을 가상으로 진행함으로써 실제 실험에 걸리는 시간을 84% 단축하고 포장에 사용되는 신규 플라스틱의 양을 21% 줄였다.

• 인적 자원의 최적화: 과거에는 공장 관리자가 경험에 의존해 직원들을 각 생산 라인에 배치했다. 이제는 AI 기반 인력 할당 도구가 각 직원의 기술 수준, 경험, 심지어 피로도까지 분석해 그날의 생산 계획에 가장 적합한 드림팀을 구성한다. 그 결과 노동 생산성을 무려 400% 가까이 향상시켰다.

이 모든 놀라운 성과는 우연히 발생한 기술 도입의 결과가 아니다. 햇볕 좋은 날 아이스크림 판매량을 예측하려던 작은 시도가 조직 내부에 AI의 가치를 증명했고 그 성공이 더 큰 투자를 이끌어냈으며 마침내 제조 공정 전체를 디지털 신경망으로 바꾸는 거대한 비전으로 이어진 것이다. 유니레버의 여정은 물리적 공급망을 혁신하는 가장 효과적인 길이 가장 현실적인 고통점에서 시작해 가치가 증명된 성공을 계단 삼아 차근차근 올라가는 것임을 보여준다.

JP모건체이스, 돌아가는 길이 가장 빠른 길

JP모건체이스 사례는 AI 성숙도의 정점을 보여준다. 이곳에서는 견고한 거버넌스 프레임워크가 전사적인 AX와 막대한 가치 창출을 위한 단단한 기반이 된다. JP모건체이스는 AI라는 강력한 무기를 다루는 데 속도보다 안전을, 책임을 우선시했으며 이러한 신중함이 역설적으로 그들을 누구보다 빠르고 멀리 나아가게 만들었다.[17]

JP모건체이스가 처한 환경의 특수성을 이해하는 것이 그들의 전략을 파악하는 첫걸음이다. 실리콘밸리의 '빠르게 움직이고 부숴라(Move fast and break things)'는 격언은 금융 세계에서는 통하지 않는다. 기술 스타트업 애플리케이션이 다운되면 사용자가 잠시 불편을 겪지만 글로벌 금융 기관의 AI 모델에 오류가 생기면 수십억 달러의 금융 손실, 평판 손상, 막대한 규제 벌금으로 이어질 수 있다. 즉 단 한 번의 실수도 용납되지 않는 환경이다. 이러한 특성은 JP모건체이스가 AI 도입에 있어 거버넌스를 강조하는 이유를 잘 설명해준다. 그들에게 거버넌스는 혁신을 가로막는 장애물이 아니라 예측 불가능한 위험으로부터 조직을 보호하는 필수적인 안전장치이자 전략적 자산이다. 거버넌스는 곧 경쟁력이다.

JP모건체이스의 AI 전략은 '책임 있는 AI responsible AI' 원칙을 구현한 강력한 거버넌스 프레임워크가 핵심이다. 이는 단순히 규칙을 나열한 문서가 아니라 대규모 혁신을 가능하게 하는 전략적 동력으로 기능한다. 이를 위해 AI 모델의 공정성, 투명성, 설명 가능성을 전담하는 '우수성 센터 Center of Excellence'를 설립해 중앙집중식 감독 체계를 갖추었다. 이 전문 조직은 전사적으로 일관된 AI 개발 표준과 윤리 가이드라인을 수립하고 감독하는 역할을 한다. 또한 민감한 금융 데이터 유출 위험 때문에 외부의 생성형 AI 도구 사용을 엄격히 금지하고 자체 거대언어모델 '스위트'와 같은 핵심 AI 플랫폼을 내부에서 개발해 데이터 보안에 대한 절대적인 통제권을 유지한다. 이처럼 흠결 없는 '책임 있는 AI' 프레임워크를 구축함으로써 JP모건체이스는 제도적 차원에서 AI 도입의 리스크를 제거했다. 이는 경영진의 확신을 이끌어내고 전사적 규모의 변혁을 추진하는 데 필요한 막대한 투자를 가능하게 했다. 결국 그들에게 거버넌스는 가장 강력한 경쟁 우위가 된 것이다.

신뢰라는 단단한 토대 위에서 JP모건체이스는 경이로운 수준의 비즈니스 가치를 창출해냈다. 현재 운영 중인 450개 이상의 AI 적용 사례 포트폴리오는 그들의 AI 성숙도의 수준을 보여준다. 먼저 사기 방지 및 리스크 관리 분야에서 AI 기반의 실시간 거래 분석 시스템은 98%의 정확도로 15억 달러 규모의 금융 사기 손실을 예방했다. 특히 자금세탁방지 anti-money laundering·AML 시스템에 AI를 도입해 기존 시스템 대비 오탐지율을 95%나 극적으로 감소시켰다. 과거에는 분석팀이 수많은 '가짜 경고' 속에서 진짜 위협을 찾아내느라 시간을 허비했다면 이제는 AI가 걸러준 진짜 위협에만 집중할 수 있게 된 것이다.

고객 자문 및 서비스 혁신 측면에서 자산 관리자를 위한 AI 비서 '코치 AI Coach AI'는 시장 변동성이 극심한 시기에 고객 문의에 대한 응답 시간을 95% 단축시켰다. 이러한 신속하고 정확한 대응은 고객 만족도를 높여 해당 사업부의 총수익을 20% 증대시키는 데 기여했다.

마지막으로 운영 효율성을 극대화했다. 20만 명 이상의 직원이 사용하는 전사적 거대언어모델 '스위트'는 보고서 요약, 문서 초안 작성 등 반복적인 업무를 자동화해 조직 전체의 생산성을 끌어올렸다.

　JP모건체이스의 접근 방식은 개별 프로젝트의 합을 넘어 하나의 거대한 AI 생태계 구축을 목표로 했다. CEO 제이미 다이먼은 AI를 "21세기의 증기기관"이라 부르며 매년 AI 기술에 20억 달러 이상을 투자하고 있다. 이미 4000명 이상의 AI 및 기계학습 전문가를 보유하고 지속적으로 AI 적용 사례를 확대해 금융 산업 전반의 운영 방식을 근본적으로 재설계하고 있다. 이는 AI를 일부 부서의 실험적 기술이 아닌 회사 운영의 근간을 이루는 핵심 DNA로 만들겠다는 확고한 의지를 보여준다.

AX의 성공 DNA

영화를 추천하는 회사, 아이스크림을 만드는 회사 그리고 돈을 관리하는 회사. 표면적으로 넷플릭스, 유니레버, JP모건체이스는 전혀 다른 비즈니스 세계에 속한 것처럼 보인다. 하지만 AX 여정을 깊숙이 들여다보면 산업의 경계를 뛰어넘는 놀랍도록 일관된 성공 DNA를 발견하게 된다. 그들 이야기는 AX 플레이북이 이론이 아니라 가장 치열한 비즈니스 전쟁터에서 증명된 승리의 공식임을 보여주는 살아 있는 증거다.

　넷플릭스는 혁신이라는 추상적인 개념을 어떻게 산업화

[표 9] AX의 타이탄의 ROI(AX 정량적 영향)

기업	핵심 AI 이니셔티브/영역	정량적 비즈니스 영향
넷플릭스	MLOps 플랫폼 (메타플로우)	• 내부 3000개 이상의 AI/ML 프로젝트 구동 • 전체 시청 시간의 약 75%를 견인하는 개인화 엔진의 기반 • 수억 건의 컴퓨팅 작업 실행
유니레버	AI 기반 공급망 및 제조	• 스웨덴 지역 수요 예측 정확도 10% 향상 • AI 냉동고 도입 매장 매출 최대 30% 증가 • UMS 도입 공장 비용 8% 절감 • 인도 틴수키아 공장 기계 전환 시간 85% 단축
JP모건 체이스	전사적 AI 생태계	• 사기 방지 및 효율성 개선으로 15억 달러 비용 절감 • 자금세탁방지 오탐지율 95% 감소 • 고객 자문 도구(Coach AI) 응답 시간 95% 단축 • 20만 명 이상의 직원에게 AI 도구 배포

할 수 있는지에 대한 청사진을 제시했다. 많은 기업이 AI 모델이라는 결과물에만 집착할 때 넷플릭스는 그 결과물을 만들어내는 과정 자체를 혁신했다. 유니레버는 가장 위대한 여정이 가장 현실적인 발걸음에서 시작된다는 교훈을 남겼다. JP모건 체이스는 AI 성숙도의 궁극적인 형태를 보여주었다. 리스크가 가장 큰 금융의 심장부에서 그들은 거버넌스와 신뢰가 혁신의 브레이크가 아니라 오히려 고성능 엔진이 될 수 있다는 가능성을 증명했다. AI 시대의 가장 중요한 화폐는 결국 신뢰라는 것을 그들은 숫자로 보여주었다.

가장 중요한 것은 이 기업들이 처음부터 AI 타이탄이 아니었다는 점이다. 그들의 위대함은 막대한 예산이나 수천 명의

AI 전문가에서 비롯된 것이 아니다. 그들은 모두 '다른 업무로 고통받는 개발자', '녹아내리는 아이스크림', '불안한 금융 시스템'처럼 명확하게 정의된 하나의 문제를 해결하는 것에서 여정을 시작했다. 그들의 성공은 특별한 마법이 아니라 평범한 문제에 대한 비범한 집중력과 규율 있는 실행이 만들어낸 필연적인 결과물이다.

타이탄의 AX 플레이북은 거대한 예산이 아니라 새로운 시야와 접근법을 요구한다. 지금 당신의 비즈니스에서 가장 고통스러운 문제는 무엇인가? 그 문제를 가장 효과적으로 해결할 작고 빠른 첫걸음은 무엇인가?

AX의 목표는 '완벽한' 기술을 개발하는 것이라기보다
AI를 실제 업무에 적용해 비즈니스 가치를 창출하는
것이다. 그러려면 AX 프로젝트의 가치를 제대로
산출해야 하는데 기존 방식으로는 잘못된 판단과
결과에 이르게 된다. 새로운 성과 관리법을 이해하고
재무·운영·고객·학습 관점에서 조직을 이끄는
실무 전략과 그에 필요한 도구를 체득해야 한다.

(**3장**)

지속 가능한 AX를 위한
실행 도구

오늘날 수많은 기업이 AI 시스템의 기술적 우수성, 예를 들어 '모델 정확도 98.7%', '처리 속도 3배 향상'과 같은 사실은 증명하지만 그것이 만들어낼 비즈니스 가치는 측정 가능한 재무 지표로 번역하지 못한다. 기업의 AI 프로젝트가 기술적 성공과 비즈니스 실패 사이에서 좌초하고 있다는 뜻이다.

구체적으로 설명해보자. 한 제조기업이 수천만 원을 투자해 AI 기반 품질 검사 시스템을 구축했다고 하자. 딥러닝 알고리즘은 불량 감지 정확도 98.7%를 달성했고 인간 검사원보다 3배 빠르게 작동한다. 기술적으로는 완벽하다. 하지만 최고 재무 책임자 CFO는 이사회에서 질문을 받는다. "98.7% 정확도가 구체적으로 불량품 반품 비용을 얼마나 줄였는가? 브랜드 평판 개선 효과는 어느 정도인가? 검사 인력을 다른 업무로 재배치해 생산성은 얼마나 향상했는가?” 대개 이러한 질문에는 명확한 답을 제시하지 못한다. 발명가로서 발명품의 성능을 설명했을 뿐 그것이 만들어낼 가치를 숫자로 번역하지 못하기 때문이다. 결국 기술적으로 완벽한 AI 시스템이 ROI를 증명하지 못한 채 비싼 기술적 실험으로 여겨지게 된다. 수많은 기업의 AI 프로젝트가 이와 비슷한 운명을 맞이하고 있다.

성과 측정 및 증명하기

2장에서는 AI를 조직의 DNA로 만들기 위한 ‘정교한 확장’의 청사진을 다루면서 예측 가능한 시간과 비용으로 높은 품질의 AI 솔루션을 안정적으로 생산하는 AI 팩토리 구축 방법론을 탐구했다. AI모델운영체계라는 자동화 엔진을 중심으로 데이터 기반 실험 문화를 통해 AI 개발, 배포, 운영의 전 과정을 산업화하는 것이 핵심이다.

하지만 많은 기업이 강력한 생산 시설을 갖추는 것 자체를 목표로 삼는 착각에 빠진다. 아무리 효율적으로 제품을 생산하는 공장이라도 제품이 시장에서 팔리지 않거나 기업 수익에 기여하지 못하면 의미가 없다. 마찬가지로 기술적으로 완벽한 AI 팩토리를 구축했더라도 그곳에서 생산된 AI 솔루션이 측정 가능한 성과로 이어지지 않으면 소용이 없다. 이 지점에서 많은 기업이 가치의 벽에 부딪힌다.

이 장의 목표는 구축된 AI 팩토리를 가치 팩토리 value factory로 전환하는 구체적인 방법론을 제시하는 것이다. 이는 AI 팩토리에 재무적, 전략적 성과를 측정하고 증명하는 계기판과 사업 계획서를 장착하는 과정이다. 모델 정확도나 배포 속도 같은 기술 부서의 언어를 넘어 ROI, 영업이익 기여도, 고객생애가치 customer lifetime value·CLV 등 경영진의 언어로 AI의 성과를 번역하는 방법을 다룬다. AI 팩토리는 수단이고 가치 팩토리는 목적이다. 이 전환에 실패하면 AI는 유능한 CTO의 자랑거리에 그치고 CEO의 전략적 무기는 될 수 없다. 지금부터 AI 투자가 기업의 핵심 가치 창출 엔진으로 작동하는지 명확한 숫자와 논리로 증명하는 과정을 시작한다. 이것은 프로젝트 승인을 받기 위한 기술뿐 아니라 AI를 기업의 지속 가능한 경쟁 우위로 만드는 경영 전략이다.

낡은 자로는 새 세상을 잴 수 없다

AI 프로젝트의 가치 측정이 실패하는 이유는 리더 대부분이 익숙한 과거의 잣대를 새로운 대상에 적용하기 때문이다. 그러나 전통적 IT 프로젝트의 ROI 측정 방식으로 AI의 가치를 평가하는 방식은 도구가 문제의 본질과 맞지 않아 의미 있는 결과를 얻을 수 없다.

이러한 측정 방식의 불일치는 파일럿 마비에 빠지는 원인이다. 개념 증명 단계에서 기술적 가능성을 보여주고도 많은 프로젝트가 다음 단계로 나아가지 못하고 중단되는 현상은 가치의 벽을 넘지 못하기 때문이다. 가트너가 언급한 생성형 AI의 '환멸의 계곡 trough of disillusionment' 역시 초기 기술적 기대감이 '이걸로 어떻게 돈을 벌 것인가?'라는 현실적인 질문 앞에서 약화되는 단계를 의미한다.[1] 실제로 30% 미만의 CEO가 AI 투자 수익에 만족한다고 응답한 사실은 이 딜레마의 심각성을 보여준다.[2]

전통적 IT 시스템과 AI 시스템은 근본적인 차이가 있다. 이 차이를 간과하면 실패로 이어진다. 전통적 IT 시스템(ERP 등)은 본질적으로 결정론적이다. 정해진 규칙에 따라 같은 입력 값을 넣으면 항상 동일한 결과값이 나온다. 따라서 프로젝트 목표는 "사전에 정의된 기능을 얼마나 정확하게 구현했는가"로 명확하게 측정되며 가치를 실현하는 시점도 시스템 가동 순간으로 비교적 명확하다. ROI 계산은 시스템 구축 및 운영 비용과 그로 인한 명시적 비용 절감을 비교하는 직관적인 비용 편익 분석 cost-benefit analysis 모델을 따른다.

반면 AI 시스템은 본질적으로 확률론적이다. AI는 정해진 규칙이 아니라 수많은 데이터를 학습해 최적의 확률적 결과를 예측한다. 100% 정답을 보장하는 것이 아니라 비즈니스가 수용 가능한 오차 범위 내에서 최적의 결과를 제공하는 것이 목표다. AI의 가치는 배포 한 번으로 완성되지 않는다. 지속적인 데이터 학습과 모델 개선을 통해 시간이 지남에 따라 점진적으로 진화한다.

이러한 본질적 차이는 가치 측정의 패러다임도 바꾼다. 결정론적 시스템의 가치가 정확성에 있다면 확률론적 시스템의 가치는 개선 가능성과 적응성에 있다. 따라서 전통적 IT 프로젝트 관리에 익숙한 리더들은 AI 프로젝트의 불확실성과 지속적인 개선 과정을 미완성 또는 실패로 오인하기 쉽다. 그들은 명확한 완료 시점과 완벽한 결과물을 기대하지만 AI 프로젝트는 끊임없이 성장하며 가치를 더해간다. 이 인식 불일치가 비현실적인 계획을 낳고 현업의 불신을 키우며 ROI 증명 실패로 이어진다. 따라서 AI의 가치를 제대로 담아낼 새로운 그릇

이 필요하다.

[표 10]은 전통적 IT 프로젝트와 AI 프로젝트의 가치 특성을 비교하며 왜 새로운 측정 프레임워크가 필수적인지 보여준다. AI 프로젝트의 가치 측정은 가치를 바라보는 관점 자체를 근본적으로 바꾸는 인식의 전환을 요구한다.

AI 가치 실현 프레임워크

AI의 확률적이고 다차원적인 가치를 측정하기 위해서는 단일 지표를 넘어서는 총체적인 프레임워크가 필요하다. 성공적인 AI 투자는 비용 절감뿐만 아니라 새로운 성장을 견인하고 미래 경쟁력을 확보하는 전략적 활동이기 때문이다.

이 책에서는 AI의 총체적 가치를 세 가지 핵심 기둥으로 나누어 측정하는 'AI 가치 실현 프레임워크'를 제시한다. 프레임워크의 철학은 "진정한 AI 가치는 세 가지 시간대에서 동시에 실현된다. 오늘 당신이 절약하는 것(운영 효율성), 내일 당신이 벌어들일 것(비즈니스 성장) 그리고 미래에 당신을 지켜줄 것(전략적 우위)을 모두 측정해야 한다"는 메시지로 요약된다.

첫 번째 기둥은 '오늘의 절약'을 의미하는 운영 효율성이다. 이는 AI를 통해 내부 프로세스를 얼마나 더 빠르고 저렴하며 정확하게 만드는가를 측정하고 가장 즉각적이고 정량화하

[표 10] 전통적 IT 대 AI 프로젝트 가치 특성 비교

특성 구분	전통적 IT 프로젝트 (예: ERP 시스템)	AI 프로젝트 (예: 수요 예측 모델)
본질	결정론적(규칙 기반, 예측 가능한 결과)	확률론적(데이터 기반, 확률적 예측)
핵심 목표	요구사항 충족(사전에 정의된 기능의 100% 구현)	성과 최적화(비즈니스 KPI에 부합하는 오차율 최소화)
가치 실현	배포 시점(기능이 작동하는 순간 가치 발생)	지속적, 진화적(시간이 지남에 따라 데이터가 쌓이고 모델이 개선되면서 가치 증대)
ROI 모델	정적 비용 편익 분석(초기 투자 비용 대 명확한 비용 절감)	동적 가치 프레임워크(다차원적 가치(비용, 수익, 전략)의 지속적 측정)
관리 방식	예측 중심(정해진 범위, 일정, 예산 관리)	실험 중심(가설 수립, 빠른 실험, 학습을 통한 점진적 개선)

기 쉬운 가치 영역이다. 두 번째 기둥은 '내일의 수익'에 해당하는 비즈니스 성장으로 AI를 통해 어떻게 매출을 증대시키고 고객 경험을 혁신하며 새로운 수익원을 창출하는가를 측정한다. 이는 기업의 최상위 목표인 성장에 직접적으로 기여하는 가치다. 마지막 세 번째 기둥은 '미래의 요새'인 전략적 우위다. AI를 통해 리스크를 관리하고 혁신을 가속화하며 장기적인 경쟁 해자를 구축하는 가치를 측정한다. 이는 당장의 재무제표에 드러나지 않지만 기업의 지속 가능성을 결정하는 중요한 부분이다.

이 세 기둥은 독립적이지 않고 서로 유기적으로 연결되어 가치의 선순환, 즉 '플라이휠 flywheel'을 만든다. 예를 들어

'오늘의 절약'에서 확보한 비용은 '내일의 수익'을 위한 프로젝트에 재투자될 수 있으며, '내일의 수익' 창출 과정에서 확보한 고객 데이터는 '미래의 요새'를 구축하는 독점적 데이터 자산이 된다. 이러한 연계성을 이해하는 것이 AI 투자의 전체 그림을 그리는 핵심이다.

기둥 1. 운영 효율성(오늘의 절약)

운영 효율성은 AI 도입 가치를 증명하는 가장 확실한 출발점이다. AI를 활용해 기존 업무 방식을 더 효율적으로 만들어 비용을 절감하고 생산성을 향상시키는 데 초점을 맞추는 것이다. 이는 AI를 기존 워크플로우에 통합해서 효율성을 높이는 '디플로이 deploy' 전략에 해당하며 10~20%의 생산성 향상을 기대할 수 있는 영역이다.[3] 이 기둥의 가치는 재무팀과 운영 책임자들이 쉽게 이해할 수 있는 구체적인 숫자로 표현된다. 핵심 측정 지표 중 하나는 생산성 증대 가치 PGV로, AI가 반복 작업을 자동화함으로써 직원들이 절약한 시간을 금전적으로 환산한 값이다. 또한 AI가 자원 사용을 최적화하거나 오류를 줄여 직접적으로 발생하는 비용을 감소시키는 운영 비용 절감 OCR도 중요한 지표다. 실제로 AI 도입은 현재 물류 분야에서는 운송 비용을 최대 22%, 제조업에서는 운영 비용을

20~30% 줄일 수 있다고 평가된다.[4] 운영 효율성 지표들은 AI 투자의 단기적이고 가시적인 성과를 보여줌으로써 경영진의 초기 신뢰를 확보하고 추가 투자를 위한 발판을 마련하는 데 결정적인 역할을 한다.

기둥 2. 비즈니스 성장(내일의 수익)

운영 효율성이 비용 측면에 집중한다면 비즈니스 성장은 AI를 활용해 기업의 매출 엔진을 어떻게 더 강력하게 만들 것인가에 대한 해답을 제시한다. 이는 AI를 통해 고객을 더 깊이 이해하고 개인화된 경험을 제공하며 더 많은 제품과 서비스를 판매하는 것을 목표로 한다. 기존 비즈니스 기능을 재설계하는 '리쉐이프reshape' 전략에 해당하며 30~50%의 효율성 및 효과성 향상 잠재력을 가진다. 가장 직접적인 지표는 A/B 테스트를 통해 측정하는 매출 증대다. 예를 들어 고객 그룹을 나누어 AI 기반 방식과 기존 방식을 비교하고 AI의 순수한 기여분을 산출하는 것으로 한 스포츠웨어 브랜드는 이를 통해 49배의 ROI를 달성했다.[5] AI가 개인화된 경험을 제공해 고객 이탈률을 낮추고 재구매율을 높이는 고객생애가치 향상도 핵심 지표다. 이 외에도 AI 챗봇을 통한 고객 경험 지표(고객만족도 CSAT, 순추천지수 NPS 등) 개선이나 AI 분석 역량을 서비스 형태로 외부에 제공하는 신규 수익원 창출도 이 기둥에 포함된다. 비즈니스 성장 기둥의 가치는 AI가 기업의 핵심 성장 동력임을 입증하는 데 중요한 역할을 한다.

기둥 3. 전략적 우위(미래의 요새)

전략적 우위는 당장 손익계산서에 숫자로 명확히 드러나지 않지만 기업의 장기적인 생존과 지속 가능한 성장을 담보하는 가장 심오한 차원의 가치다. 이는 AI를 통해 미래의 불확실성에 대비하고 시장의 판도를 바꾸며 경쟁사가 쉽게 따라올 수 없는 근본적인 경쟁력을 구축하는 데 중점을 둔다. 여기에는 금융 사기나 공급망 붕괴 같은 리스크를 예방하는 리스크 완화 가치, 신제품 출시 시간을 단축하는 혁신 속도 증대, 그리고 미래 비즈니스의 성공 확률을 높이는 독점적인 데이터 자산 가치 평가가 포함된다. 마지막으로 AI 프로젝트를 통해 성장한 조직의 역량 강화 역시 중요한 장기적 자산이다.

진정한 투자 규모의 이해

성공적인 ROI 계산은 수익뿐만 아니라 투자에 대한 정확한 이해에서 출발한다. 많은 AI 프로젝트가 실패하는 이유는 실제 투자 비용이라는 빙산의 수면 아래 부분을 과소평가하기 때문

[표 11] AI 가치 실현 프레임워크 대시보드

가치 기둥	가치 범주	핵심 성과 지표(KPI)	측정 공식/방법론	데이터 소스	목표/벤치 마크(예)
운영 효율성	생산성	생산성 증대 가치 (PGV)	(절약 시간)×(작업 수)×(시간당 인건비)	업무 관리 시스템, HR 데이터	연간 5억 원 절감
	비용 절감	운영 비용 절감(OCR)	AI 도입 전후 특정 비용 항목 비교 (예: 클라우드 비용)	재무 시스템, 클라우드 빌링 (Cloud blling)	클라우드 비용 15% 절감
	자산 효율성	설비 종합 효율(OEE)	(가동률)×(성능)× (양품률)	MES, IoT 센서 데이터	OEE 5% 포인트 향상
비즈니스 성장	매출 증대	구매 전환율 (CVR)	A/B 테스트를 통한 그룹 간 CVR 비교	웹 로그, CRM, 판매 데이터	AI 적용 그룹 CVR 10% 향상
	고객 가치	고객생애 가치(CLV)	(평균 구매액)×(구매 빈도)×(고객 수명)	CRM, 판매 데이터	CLV 12% 증가
	고객 경험	순추천지수 (NPS)	NPS 설문조사 점수 변화 추적	고객 설문조사 플랫폼	NPS 10점 향상
전략적 우위	리스크 관리	예상 손실액 감소	(리스크 확률 감소분) ×(예상 손실액)	보안 로그, 재무 데이터	연간 사기 손실액 20억 원 감소
	혁신	신제품 출시 주기 (TTM)	아이디어 발상부터 출시까지의 평균 소요 시간	PLM, 프로젝트 관리 툴	TTM 30% 단축
	조직 역량	데이터 리터러시 수준	전사 직원 대상 데이터 활용 능력 평가 점수	역량 평가 시스템, 설문	평균 점수 15% 향상

이다. AI 도입의 가격표는 소프트웨어 라이선스 비용이나 서버 구매 비용이 전부가 아니며 그 아래에는 훨씬 더 거대하고 복잡한 숨은 비용이 존재한다. 이러한 총소유비용 total cost of ownership·TCO을 정확하게 산출하지 못하면 프로젝트는 예기치 않은 예산 초과에 직면하고 ROI는 하락하게 된다. AI 투자를

결정하기 전에, 빙산 전체의 크기를 파악해야 한다.

AI 프로젝트의 TCO는 크게 세 가지 범주로 나눌 수 있다.

① 직접 비용(보이는 부분)

이는 프로젝트 예산안에 명확하게 드러나는 가시적인 비용이다. 여기에는 하드웨어 및 인프라 비용(고성능 GPU 서버, 클라우드 사용료), 소프트웨어 비용(AI모델운영체계 플랫폼, 데이터 분석 도구 라이선스) 그리고 전문 인력 확보 비용(데이터 과학자, 기계학습 엔지니어)이 포함된다.

② 간접 및 숨은 비용(보이지 않는 부분)

이 비용은 예산안에서 쉽게 누락되지만 실제 프로젝트 성패에 더 큰 영향을 미칠 수 있다. 가장 대표적인 것이 데이터 관련 비용이다. AI의 성능은 데이터 품질에 절대적으로 의존한다. 데이터를 수집, 정제, 라벨 작업 labeling을 하는 데 막대한 시간과 노력이 소요된다. 조직의 57%는 자신들의 데이터가 AI에 활용될 준비가 되어 있지 않다고 평가한다.[6] 또한 개발된 AI 모델을 기존 시스템과 연동하는 통합 비용, 지속적으로 성능을 모니터링하고 재학습시키는 AI모델운영체계도 무시할 수 없다.

③ 사람과 관련된 비용

가장 중요하면서도 간과하기 쉬운 비용이다. 새로운 업무 방식에 직원들이 적응하도록 돕는 변화 관리 및 교육 비용, AI의 편향성이나 개인정보 침해 등을 관리하는 거버넌스 및 규제 준수 비용은 성공적인 AI 도입을 위한 필수 투자다.

이 모든 비용을 고려해야만 AI 투자의 진정한 규모를 파악하고 현실적인 기대 ROI를 설정할 수 있다. [표 12] 체크리스트는 AI 프로젝트의 TCO를 산출할 때 누락되는 항목이 없도록 돕는 도구로 활용 가능하다.

중요한 점은 초기 작은 프로젝트의 성과를 명확히 측정하고 조직에 전파하는 것이다. 경험한바 복잡한 알고리즘 설명보다 '직원 1인당 주 ○○시간 절약'이라는 단순하지만 명확한 계산이 경영진과 현업인 모두에게 이해되고 지지를 얻었다.

성공 사례들의 공통점은 단일 AI 모델의 기술적 우수성에 의존하지 않고 여러 AI 기술을 조합해 기존 업무 프로세스를 근본적으로 재설계했을 때 가장 큰 가치가 창출되었다는 점이다. 가치는 모델이 아닌, 시스템과 새롭게 일하는 방식에서 나온다.

[표 12] AI 프로젝트 TCO 체크리스트

비용 범주	항목	설명	예상 비용
1. 직접 비용	하드웨어/ 인프라	GPU 서버 구매, 클라우드 컴퓨팅 사용료 (학습 및 추론)	
	소프트웨어/ 플랫폼	AI 개발 플랫폼, MLOps 솔루션, 데이터 분석 도구 라이선스	
	인재(내부/외부)	데이터 과학자, ML 엔지니어 인건비, 외부 컨설팅 비용	
2. 간접 비용	데이터 준비	데이터 수집, 정제, 통합, 라벨 작업 서비스 또는 내부 인력 비용	
	시스템 통합	기존 ERP, CRM 등 레거시 시스템과의 연동 개발 비용	
	모델 운영 (MLOps)	모델 모니터링, 재학습, 배포 자동화 파이프라인 운영 비용	
	변화 관리 및 교육	전 직원 대상 AI 활용 교육, 변화 관리 프로그램 운영 비용	
	거버넌스/ 규제 준수	법률 자문, AI 윤리 위원회 운영, 데이터 보안 감사 비용	
3. 숨은 비용	프로젝트 관리	AI 프로젝트의 불확실성 관리를 위한 추가적인 PM 인력 비용	
	기회비용	해당 인력과 자원을 다른 프로젝트에 투입했을 경우의 잠재적 이익	
	초기 성능 저하	새로운 시스템 도입 초기에 발생하는 일시적인 생산성 저하	
총소유비용(TCO)			

계산에서 소통으로

지금까지 AI 투자의 가치를 측정하고 증명하기 위한 프레임워크와 비용 계산법, 산업별 적용 사례를 살펴보았다. 중요한 점은 초기 작은 프로젝트의 성과를 명확히 측정하고 조직에 전파하는 데 있다. 마지막 과제는 이 모든 분석 결과를 경영진의 마음을 움직이고 조직 전체의 지지를 이끌어내는 비즈니스 케이스로 전환하는 것이다. 숫자는 이야기가 될 때 힘을 얻는다.

첫 번째 단계는 청중을 파악하고 메시지를 맞춤화해야 한다. CFO에게는 운영 효율성 기둥의 비용 절감 효과를, CEO에게는 전략적 우위 기둥을 중심으로 AI가 비즈니스 모델을 어떻게 혁신할지에 대한 비전을 제시해야 한다. 현업 부서장에게는 AI가 부서 성과와 매출 목표 달성에 어떻게 직접적으로 기여하는지 보여주는 것이 중요하다. 또한 ROI 계산을 일회성 활동으로 끝내지 말고 'AI 가치 실현 프레임워크 대시보드'를 활용해 가치를 시각화하고 지속적으로 소통해야 한다. 거대하고 불확실한 장기 투자 계획보다는 4~8주 안에 명확한 성과를 낼 수 있는 '작은 시작' 프로젝트를 제안하고 리스크를 관리하는 것이 현명하다. 마지막으로 AI의 가치는 기술 부서 혼자서 증명할 수 없다. 비즈니스 케이스를 현업 및 재무 부서와 공동으로 작성해 가치 증명을 위한 연합을 구축해야한다.

궁극적인 목표는 다음 AI 프로젝트 예산을 확보하는 것에 그치지 않고 데이터에 기반해 AI의 가치를 측정하고 소통하며 지속적으로 개선해나가는 문화를 조직 전체에 뿌리내리는 것까지다. 이를 통해 AI 팩토리는 비로소 가치 팩토리로 거듭난다.

AX 실행 성과 관리

앞서 AI 투자의 경제적 타당성을 증명하는 ROI는 프로젝트 시작을 위한 입장권이긴 해도 특정 시점의 재무적 성과만을 보여주는 일시적 지표이자 과거의 성적표라는 한계가 있다. 진정한 AX는 끊임없이 방향을 수정하고 속도를 조절해야 하는 역동적 항해다. 이러한 항해에는 과거 기록이 아닌 현재 상태를 실시간으로 보여주고 미래 경로를 예측하는 정교한 계기판, 즉 조종석이 필요하다.

AI 프로젝트 대부분이 측정할 수 있는 수익을 내지 못하고 실패하는 현실은 조종석 부재에서 비롯된다. 이 문제를 해결하기 위해 경영학의 고전인 균형성과표 balanced scorecard·BSC 를 AX의 조종석으로 재설계할 필요가 있다. 균형성과표는 단기적인 재무 성과와 장기적인 성공의 핵심 동력인 운영 효율성, 고객 가치, 조직의 학습과 성장 사이의 균형을 맞추는 프레임워크다.[7] 이 장에서는 전통적 균형성과표 프레임워크를

AI 시대에 맞게 재해석하고 조직 전체의 AX를 이끌 실시간 전략 계기판으로 만드는 구체적인 방법론을 제시한다.

AI 시대에서 재탄생한 균형성과표

균형성과표는 기업의 성과를 재무적 관점만으로 보아서는 안 된다는 철학에서 출발한다. 재무적 성과는 과거 활동의 결과일 뿐, 미래의 성장을 보장하지 못하기 때문이다. 따라서 균형성과표는 기업의 비전과 전략을 재무, 내부 프로세스(운영), 고객, 혁신 및 학습(성장)이라는 네 가지 관점으로 나누어 균형 있게 측정하고 관리할 것을 제안한다. 네 가지 관점은 학습과 성장을 통해 내부 프로세스를 혁신하고 그 결과로 고객에게 더 나은 가치를 제공해 궁극적으로 재무적 성공을 달성한다는 인과관계로 연결된다.

전통적으로 균형성과표는 분기나 반기별로 데이터를 분석하는 정적인 보고서 형태로 활용되었지만 AI 기술은 이 프레임워크를 역동적인 시스템으로 재탄생시킨다. 이른바 'AI 강화 균형성과표 AI-enhanced BSC'다. AI는 자동화된 데이터 통합과 실시간 모니터링을 가능하게 해 리더들이 현재 비즈니스가 어떻게 움직이는지 파악할 수 있게 한다. 또한 AI는 균형성과표를 과거 분석 도구에서 미래를 예측하고 최적의 행동을 제안하는 예측 및 처방 분석 도구로 진화하게 한다. 더 나아가 AI 강화 균형성과표는 그 자체로 강력한 AI 거버넌스 프레임워크로 기능할 수 있다. 균형성과표 프레임워크에 AI 리스크 관련 지표(모델 편향성 점수 등)를 포함시킴으로써 AI 거버넌스를 일상적인 경영 활동에서 운영되는 시스템으로 전환시킬 수 있다.

AX를 위한 균형성과표를 네 가지 관점으로 심층 분석해 보자.

① 재무적 관점(성장을 정량화하고 투자를 증명하라)

재무적 관점은 AI 전환의 모든 노력이 궁극적으로 기업의 경제적 가치로 어떻게 연결되는지를 보여줘야 한다는 관점이다. 핵심 지표로는 AI 기반 매출 증대와 AI 기반 비용 절감이 있다. 또한 AI ROI와 투자 회수 기간 같은 투자 효율성 KPI도 여기에 해당한다. 마지막으로 독점적인 데이터 자산의 가치를 평가하고 기업 가치 기여도를 측정하는 것도 중요한 전략적 재무 KPI다.

② 운영적 관점(가치가 만들어지는 엔진룸을 최적화하라)

운영적 관점은 재무적 성과가 만들어지는 과정에 집중한다. AI를 통해 기업 내부의 핵심 프로세스를 얼마나 더 빠르고 정확하며 효율적으로 만드는지를 측정한다. 대표적인 KPI로는 프로세스 순환 시간 단축, 오류율 감소, 처리량/생산성 증대 등이 있다. 제조업의 설비 종합 효율, 물류업의 차량 운행 효율, 소매업의 재고 회전율과 같은 자원 최적화 KPI도 중요하다. 또한 모델 정확도 및 드리프트, 데이터 품질 점수, 자동화율과 같이 AI 시스템 자체의 성능을 측정하는 메타 KPI는 모든 AI 성과의 선행 지표가 된다.

③ 고객 관점(최고의 성공 척도는 고객 경험이다)

기술로 운영 효율성을 높여도 그것이 고객에게 더 나은 가치와 경험으로 전달되지 않으면 의미가 없다. 오늘날 73%의 고객이 구매 결정 시 고객 경험을 중요한 요소로 꼽는다.[8] 이 관점에서는 순추천지수, 고객만족도 등 전통적인 KPI와 더불어 고객생애가치, 고객 이탈률 등 장기적인 관계에 미치는 영향을 측정하는 지표를 관리한다. 특히 AI 시대에는 기업이 제공하는 AI 기반 신규 서비스를 실제로 사용하는 고객의 비율인 AI 기능 채택률이나 AI와의 상호작용이 구매로 이어지는 비율인 AI 채널을 통한 전환율과 같은 새로운 지표가 중요해진다.

④ 혁신 및 학습 관점(미래를 위한 조직의 역량을 구축하라)

AI 프로젝트 성공의 70%는 알고리즘이 아닌 사람과 프로세스에 달려 있다.[9] 혁신 및 학습 관점에서는 조직 내 AI 인재 밀도, AI 관련 교육 프로그램의 효과를 측정하는 업스킬링 ROI 그리고 핵심 AI 인재의 만족도 및 유지율과 같은 인적 자본 및 역량 KPI를 관리한다. 또한 AI 기반 제품/기능 출시 기간, AI 실험/파일럿 실행 건수 등을 통해 혁신 속도를 측정하고, AI 거버넌스 성숙도 점수, 데이터 기반 의사결정 성숙도 등을 추적해 조직의 지속 가능한 성장 기반을 평가한다.

데이터 기반 의사결정 문화로

사실상 모든 것은 혁신 및 학습 관점에서 시작된다. 직원 역량 강화와 견고한 거버넌스 체계 구축은 가치 창출의 선순환 구조를 돌리는 최초의 에너지다. 이 기반 위에서 더 빠르고 스마트한 운영 프로세스를 구축할 수 있으며 최적화된 운영은 고객에게 개인화된 경험과 가치를 제공한다. 이렇게 만족한 고객들은 기업에 지속 가능한 재무적 성공을 안겨주고 이 재무적 성공은 다시 혁신과 학습에 재투자되어 선순환을 가속화한다.

궁극적으로 대시보드의 목표는 숫자를 나열하는 것이 아니라 조직 전체가 AX라는 공동의 목표를 향해 나아갈 수 있도록 공통의 언어와 단일한 바탕을 형성하는 것이다. 이 대시보

관점 구분	핵심 질문	전략 목표 예시	AI 활용 예시
재무적 관점	AI 투자가 주주와 이해관계자에게 어떻게 경제적 가치를 창출하고 있는가?	AI 기반 신규 수익원 창출 및 운영 비용 최적화	AI 기반 개인화 추천을 통한 매출 증대, 예측 유지보수를 통한 유지보수 비용 절감
운영적 관점	고객과 주주를 만족시키기 위해, 어떤 내부 프로세스를 AI로 혁신해야 하는가?	공급망 효율성 극대화 및 핵심 업무 프로세스 자동화	AI 수요 예측을 통한 재고 최적화, 반복적인 백오피스(back office) 업무의 지능형 자동화
고객 관점	비전과 전략을 달성하기 위해 고객에게 어떤 차별화된 AI 경험을 제공해야 하는가?	초개인화된 고객 경험 제공 및 고객 이탈률 최소화	AI 챗봇을 통한 즉각적인 고객 지원, 이탈 예측 모델을 통한 선제적 고객 관리
혁신 및 학습 관점	어떻게 AI 역량을 강화하고 지속적인 혁신 문화를 구축할 것인가?	전사적 데이터 리터러시 향상 및 AI 거버넌스 체계 확립	AI 기반 맞춤형 직원 교육 프로그램 제공, AI 모델 성능 및 데이터 품질의 지속적 모니터링

드를 중심으로 경영진과 현업 부서, 기술팀이 함께 토론하고 신속하게 의사결정을 내리는 문화가 정착될 때 진정한 변화가 시작된다. 데이터는 더 나은 의사결정에 사용될 때 가치를 발휘한다. AI 강화 균형성과표는 과거를 측정하는 동시에 미래를 능동적으로 만들어가는 전략적 도구다.

실전에서 함정은 없을까

AX/DX KPI 대시보드를 설계하고 운영할 때 발견되는 공통적인 함정이 있다.

우선 측정 가능한 것만 측정하는 오류다. 정량 지표는 명확하고 객관적이지만 AI의 진정한 가치는 종종 숫자로 포착하기 어려운 질적 변화에 있다. 자동화율, 처리 시간 단축 등의 수치만 추적하다 보면 "직원들이 반복 업무에서 해방되어 고객과 대화할 시간이 생겼다"는 것과 같은 중요한 변화를 놓치게 된다.

직접 진행했던 프로젝트 중 이를 보완하기 위해 정량 지표와 함께 월 1회 현업 담당자 인터뷰를 KPI 대시보드의 정기 프로세스로 포함시켰다. 숫자로 드러나지 않는 조직의 질적 변화를 체계적으로 추적하기 위해서였다. 이는 균형성과표의 혁신 및 학습 관점을 실질적으로 작동시키는 방법이다.

또 하나는 과도한 KPI로 인한 피로다. 균형성과표 네 가지 관점에서 완벽하게 보이는 20개 이상의 지표를 선정하면 역설적으로 아무도 대시보드를 보지 않게 된다. 정보 과부하가 발생하고 많은 지표를 매월 수집하는 것 자체가 팀의 업무 부담으로 작용한다.

해결책은 '탑 5 핵심 지표' 중심의 단순화였다. 경영진이 주간/월간으로 확인하는 핵심 지표 5개만 대시보드 최상단에 배치하고, 나머지는 분기별 심층 분석 리포트로 전환했다. 필요 시 핵심 지표에서 상세 데이터로 드릴다운 drill down 하는 구조다.

[표 14] 산업별 AI KPI 대시보드 예시

이커머스/소매업	제조업
재무적 관점	재무적 관점
• 고객생애가치 증가율 • AI 추천 엔진 기반 평균 주문 금액	• 단위당 제조 원가 절감률 • 총자산수익률
운영적 관점	운영적 관점
• 재고 회전율 • 주문 이행 시간 단축률	• 설비 종합 효율 • 최초 통과 수율
고객 관점	고객 관점
• 구매 전환율 • 장바구니 포기율	• 정시 납품률 • 고객 반품률
혁신 및 학습 관점	혁신 및 학습 관점
• 신규 개인화 기능 출시 주기 • AI 기능 채택률	• 생산 현장 인력 대상 AI 업스킬링 ROI • AI 기반 공정 개선 아이디어 제안 건수

마지막 함정은 기술 언어와 비즈니스 언어의 괴리다. AI 대시보드 초기 버전에 '모델 F1 Score', 'Latency 95 percentile' 같은 기술 지표가 가득하면 비즈니스 부서장들은 이해하지 못한다. 반대로 기술팀은 비즈니스 지표만 있으면 기술적 개선 방향을 잡기 어렵다.

효과적인 해결책은 '이중 언어 대시보드'다. 동일한 데이터를 두 가지 방식으로 표현하는 것이다. 기술팀에게는 'F1 Score 0.87, Precision 0.91'로 제공하고, 비즈니스팀에게는 '100건 중 87건을 정확히 분류해 담당자의 검토 업무 80% 감소'로 번역한다. 같은 성과를 다른 언어로 설명하는 것만으로 조직 간 이해도가 크게 개선된다.

대시보드는 한번 만들어 놓았다고 끝나는 것이 아니다. 월간 리뷰 미팅을 통해 지표의 유효성을 지속적으로 점검하고 비즈니스 우선순위가 변하면 KPI도 함께 변해야 한다. 대시보드를 살아 있는 도구로 만드는 것은 도구 자체보다 그것을 중심으로 이뤄지는 정기적 대화와 의사결정 프로세스다.

AX에 대한 저항 극복

CEO의 45%가 직원 대부분이 AI에 저항하거나 적대적이라고 평가한다. [10] 이는 리더의 기대와 현장의 수용성 사이에 큰 단절이 존재함을 의미한다. AI 도입에 있는 장애물 대부분은 기술 문제가 아니라 변화 관리, 신뢰 부족, 역량 격차와 같은 인간적, 문화적 요인이다. AI 프로젝트 성공이 알고리즘이 아닌 사람과 프로세스에 달려 있다는 얘기다.

지금까지 AI의 잠재력과 실패 원인을 분석하고(1장), 성공 확률을 높이는 실행 계획을 학습했다(2장). 이제 전략을 현실로 옮기는 마지막 관문, 기술이 아닌 인간이라는 장벽이다.

변화 관리 8단계 모델

인간 저항의 문제를 해결하기 위해 정밀한 지도가 필요하다. 하버드대학교 경영대학원 존 코터 John Kotter 교수가 개발한 '변화 관리 8단계 모델'은 수십 년간 검증된 신뢰도 높은 방법론이다.[11] 이 모델은 변화를 경직된 공식이 아닌 조직 내 정치적, 감정적 현실을 인정하며 체계적으로 돌파해나가는 논리적 순서를 제시한다.

이제부터 코터 교수의 8단계 모델을 AX 맥락에 맞춰 재해석하고 각 단계에서 AI 시대의 두려움과 불확실성을 어떻게 극복하는지에 대한 구체적인 기술과 사례를 제시하고자 한다. 이는 AI를 조직의 DNA에 성공적으로 이식하기 위한 리더의 실천 가이드가 될 것이다.

단계 1. 위기감 조성

모든 변화의 첫걸음은 절박한 공감대를 형성하는 것이다. 하지만 많은 리더들이 남들은 있는 기술이 우리는 없다는 식으로 기술 자체를 위기의 근원으로 삼는다. 이는 직원들에게 막연한 불안감만 증폭시킬 뿐, 자발적인 행동을 끌어내지 못한다. 올바른 접근법은 기술이 아닌 사업의 명백한 위기와 기회에 초점을 맞추는 것이다. 메시지는 "핵심 경쟁사가 AI 기반 수요 예측으로 재고 비용을 30% 절감했고 이로 인해 우리 시장 점유율을 잠식하기 시작했다. 18개월 내에 대응하지 못하면 우리는 2위로 밀려날 것이다"와 같이 구체적이고 현실적이어야 한다.

코터 교수는 변화하려는 노력이 성공하려면 최소 75%의 경영진이 "현상 유지가 미지의 변화보다 더 위험하다"고 확신해야 한다고 강조했다. 마이크로소프트 CEO 사티아 나델라는 2014년 취임 당시 이러한 위기감 조성의 교과서적 사례를 보여주었다. 그는 전체 임원 회의에서 충격적인 시장 데이터를 공개했다. "아마존 AWS가 클라우드 인프라 시장의 48%를 점유하고 있는 반면 우리는 겨우 10%에 불과합니다. 더 심각한 것은 포춘 500대 기업 중 80%가 이미 AWS를 사용하고 있다는 점입니다." 그는 기술의 우수성을 논하는 대신 스타트업들이 AWS를 활용해 전통적 소프트웨어 라이선스 모델을 파괴하고 있는 생생한 사례들을 제시했다. 특히 넷플릭스가 AWS 기반으로 블록버스터가 지배하는 영화 산업 생태계를 바꿔버린 사례, 에어비앤비가 호텔 체인을 위협하는 과정 등을 상세히 분석해 보여주며 "우리가 클라우드로 전환하지 않으면 5년 안에 마이크로소프트는 '과거 기업'이 될 것"이라는 냉정한 현실을 직시하게 했다. 이러한 데이터 기반의 위기감 조성은 조

직 전체를 '성장 마인드셋 growth mindset'으로 전환시키는 출발
점이 되었고 결과적으로 마이크로소프트는 클라우드 시장 2위
로 도약했다. [12]

여기서 한 걸음 더 나아가 직원들이 일자리를 잃을지도
모른다는 두려움을 관리해야 한다. 공포에 기반한 위기감은 저
항을 강화할 수 있다. 성공적인 리더들은 위기감을 위협이 아
닌, 시간이 얼마 남지 않은 기회로 재구성한다. 메시지는 "AI
가 당신의 일자리를 위협한다"가 아니라 "AI는 우리가 반복적
인 업무에서 벗어나 더 창의적인 일에 집중할 기회를 제공한
다. 하지만 이 기회의 창은 빠르게 닫히고 있다"라는 식이다.
이는 불안감이 아닌 야망을 자극해 조직의 에너지를 긍정적인
방향으로 움직이게 해야 한다는 의미다.

단계 2. 변화 선도 팀 구성

강력한 위기감이 조성되었다면 이제 변화를 이끌 변화
선도 팀을 만들어야 한다. 많은 기업에서 AI 전환을 IT 부서의
과제로만 여기는데 이는 현업의 저항에 부딪히는 원인이 된다.
AI 전환을 위한 선도 팀은 기술 전문가만으로 구성된 기술 위
원회가 아니라 인사, 법무, 재무 그리고 핵심 사업 부문의 영
향력 있는 리더들이 포함된 어벤져스가 되어야 한다. 글로벌

보험사 악사 AXA는 AI 도입을 추진하며 다양한 부서의 리더들이 참여하는 팀을 운영했다. 내부 생성형 AI 도구인 '악사 시큐어 GPT AXA Secure GPT'의 성공적인 배포는 기술, 보안, 법무, 사업 부문 리더들이 초기부터 협력해 전사적인 우려를 해결하고 신뢰를 구축한 결과물이다. [13]

AI 전환의 가장 큰 장애물은 기술이 아니라 신뢰, 리스크, 윤리에 대한 우려다. 따라서 가장 효과적인 변화 선도 팀은 변화의 전도사 역할을 넘어 조직의 '초대 AI 거버넌스 및 윤리 위원회'로서 기능해야 한다. 이 팀의 첫 번째 임무는 AI 원칙을 수립하고 이를 조직 전체에 전달하는 것이다. 이는 저항의 가장 큰 원인을 선제적으로 해결하고 심리적 안정감을 구축하는 전략적 초석이 된다.

단계 3. 비전과 전략 수립(감성적인 부분까지)

변화 선도 팀은 명확하고 매력적인 비전을 제시해야 한다. AI에 대한 직원들의 상상은 종종 디스토피아적이다. 리더는 이러한 부정적인 서사를 압도하는 강력하고 긍정적인 인간 중심의 비전을 제시해야 한다. 그 비전의 핵심은 '대체'가 아닌 '증강'이어야 한다. 비전은 AI가 어떻게 직원의 역량을 강화하고 잠재력을 이끌어내는지를 명확하게 보여주어야 한다. 강력한 리더십 지원과 긍정적인 AI 비전이 제시될 때 AI에 대한 직원의 긍정적 태도는 15%에서 55%로 급증한다는 연구 보고도 있다. [14] 악사 시큐어 GPT 도입 사례는 훌륭한 비전 수립의 전형이다. 그들의 비전은 "생성형 AI를 사용하자"가 아니라 "14만 명의 우리 직원들에게 이 강력한 기술을 '안전하고 책임감 있게' 활용할 방법을 제공하자"였다. 이 비전은 데이터 유출과 같은 직원들의 두려움을 정면으로 다루고 AI를 위협이 아닌 신뢰할 수 있는 자산으로 자리매김하게 했다. 좋은 비전은 복잡한 기술 로드맵이 아니라 AI와 함께 일하는 미래가 개인에게 어떤 의미를 가질지에 대한 감성적인 그림을 분명하게 제시할 수 있어야 한다.

단계 4. 비전 전파

훌륭한 비전이라도 리더의 서랍 안에만 머물러서는 안 된다. 비전은 조직의 모든 채널을 통해 끊임없이, 일관되게 전파되어야 한다. 리더 스스로 새로운 AI 도구를 적극적으로 사용하는 모습을 보여줌으로써 진정성을 증명해야 한다. 효과적인 소통은 일방적인 방송이 아니라 양방향적 대화다. 코터 교수는 이 단계를 '자원군 모집'이라고 명명했다. 이는 변화에 동참하고 싶은 열정적인 지지자들을 조직 곳곳에서 만들어내는 것을 의미한다.

독일의 에너지 기업 유니퍼 Uniper는 현장 직원 누구나 디지털화 아이디어를 제출할 수 있는 '아이디어 트래커 Idea Tracker'를 운영했다. 이 장치는 AI 전환에 대한 인식을 "경영진의 지시니까"에서 "우리 모두의 프로젝트니까"로 바꿨다. 직원들이 제안한 295개 이상의 아이디어를 실제 사용 사례로 구현함으로써 유니퍼는 수백 명의 자발적 AI 전도사를 양성하고 구성원들에게 주인의식을 심어주었다. [15] 이러한 접근 방식은 통제되지 않는 섀도우 AI 문제에 대한 현명한 해답을 제시한다. 직원들의 혁신 열정을 억누르는 대신 그 에너지를 안전한 방향으로 유도하는 공식 채널을 제공하는 것이다. 악사 시큐어 GPT와 같은 안전한 내부 플랫폼을 제공하고 유니퍼의 아이디어 트래커처럼 상향식 혁신을 장려함으로써 보안 규칙 위반의 위험에 놓인 직원들을 공인된 혁신가로 전환시킬 수 있다.

단계 5. 장애물 제거 및 권한 위임

비전이 공유되고 자원군이 모집되었다면 이제 그들이 마음껏 달릴 수 있도록 길을 터주어야 한다. 리더는 혁신을 가로막는 장애물을 미리 파악하고 제거해야 한다. AX 과정의 장애물은 데이터 공유를 막는 부서 간의 벽(구조적), 새로운 기술 활용 능력 부족(기술적), 실패를 용납하지 않는 문화(심리적), 데이터 프라이버시에 대한 우려(정책적) 등 다양하다. 악사는 악사 시큐어 GPT라는 안전한 샌드박스 sandbox 환경을 구축해 정책적 장애물을 제거했다. 이 플랫폼 안에서 직원들은 데이터 유출 걱정 없이 자유롭게 AI의 가능성을 탐색할 수 있었다. 유니퍼 역시 '디지털 스킬스 컴퍼스 Digital Skills Compass'라는 내부 교육 프로그램을 개발해 기술적 장애물에 대응했다. 이 프로그램은 직원들이 필요한 역량을 자신의 속도에 맞춰 학습하도록 지원해 변화에 대한 두려움을 낮추고 자신감을 심어주었다. 장애물 제거의 핵심은 권한 위임이며 직원들에게 비전을 실행하는 데 필요한 자원, 교육, 그리고 실패를 용인하는 심리적 안정감을 제공하는 것이다.

단계 6. 단기 성공 창출

초기에 가시적인 성과를 보여주지 못하면 변화라는 길고 고된 여정을 계속할 동력을 잃기 쉽다. 따라서 작지만 의미 있는 단기 성공을 만들어내는 것은 변화를 지속하기 위한 필수적인 연료를 공급하는 것과 같다. 이 책의 핵심 철학인 '작은 시작 → 검증된 성공'은 이 원칙에 기반한다. 효과적인 단기 성공은 가시적이고 명백하며 비전과 연관되어야 한다.

마이크로소프트의 고객 성공 사례들이 좋은 예다. 에너지 기업 셸 Shell은 AI 솔루션 도입으로 3만5000시간의 업무 시간을 절약했고, 이탈리아의 에너지 기업 에넬 Enel은 매월 800시간 이상의 업무 시간을 절감했다.[16] 이러한 성과는 가시적이고 숫자로 명확히 증명되며 업무 효율성을 높여 직원들이 더 가치 있는 일에 집중하게 한다는 비전과 직접적으로 연결된다. 단기 성공의 진정한 목적은 ROI 증명을 넘어 변화에 대한 조직의 심리적 에너지를 재충전하는 것이다. 첫 승전보는 변화에 동참한 이들에게 보상이 되고 비판자들의 생각을 움직이게 하며 경영진에게 추가 투자의 당위성을 증명하는 증거가 된다.

단계 7. 성공의 확산

단기적인 성공 뒤 저지르기 가장 쉬운 실수는 안주하는 것이다. 코터 교수는 이때가 바로 "더 가속 페달을 밟아야 할 때"라고 경고한다. 작은 성공으로 얻은 신뢰와 동력은 더 크고 근본적인 변화를 추진하기 위한 발판으로 사용되어야 한다. 이 단계는 이 책의 프레임워크에서 '검증된 성공'을 '정교한 확장'으로 전환하는 과정에 해당한다. 이 단계의 핵심은 개별적인 성공 프로젝트를 조직 전체의 역량으로 전환하는 것이다. 이를 위해 초기 성공 사례를 분석해 과정과 기술을 표준화하고 'AI

우수성 센터'를 설립해서 전사적인 AI 도입을 지원해야 한다. 악사의 확장 전략은 이 단계의 모범적인 사례다. 그들은 악사 시큐어 GPT를 전 세계 14만 명의 직원에게 확대 적용했으며 400개가 넘는 AI 활용 사례 중 잠재력이 큰 20개를 선정해 글로벌 차원으로 확장하는 전략을 추진했다. 이는 단기적인 성공을 기반으로 더 큰 변화를 만들어내는 교과서적인 전략이다.

단계 8. 새로운 문화 정착

변화 관리의 마지막 단계는 성공적으로 도입된 새로운 방식이 일시적인 유행이 아니라 조직의 문화와 일상적인 업무 방식으로 완전히 뿌리내리게 하는 것이다. 이를 위해서는 채용, 교육, 성과 평가 및 보상 시스템에 AI 관련 역량을 반영하고 새로운 업무 방식을 실천하는 리더를 발탁해 성공 스토리를 지속적으로 공유해야 한다.

유니퍼의 기업 문화 프레임워크인 '유니퍼 웨이 Uniper Way'는 핵심 가치 중 하나로 '변화 수용'을 명시하고 "혁신은 우리 각자에게서 시작된다"라고 정의함으로써 지속적인 변화와 혁신을 조직의 영구적인 체질로 만들고자 노력한다.

이 마지막 단계의 목표는 한 차원 높게 설정되어야 한다. AI는 일회성 변화 이벤트가 아니라 끊임없는 변화를 촉발하는

167

기폭제다. 따라서 진정한 목표는 변화 자체를 수용하고 실행하는 역량을 조직 문화로 뿌리내리게 하는 데 있다. 이는 변화에 그저 수동적으로 대응하는 것이 아니라 변화의 기회를 능동적으로 탐색하고 파괴적 혁신으로 앞서 나가는 변화 추구적 문화로 진화하는 것을 의미한다.

한국적 맥락

코터의 8단계 모델은 강력한 프레임워크이지만 국내 대기업 환경에 적용하면 발견되는 한국적 맥락의 특수성이 있다.

하나는 위계와 합의의 균형이라는 문제다. 서구 변화 관리 이론은 직급을 초월한 자발적 참여자 중심의 변화 선도 팀을 강조한다. 하지만 한국 기업의 위계적 문화에서는 팀에 의사결정 권한을 가진 임원급이 포함되지 않으면 실행 단계마다 번번이 승인 과정에서 막힌다.

이러한 상황에서 취했던 효과적 구조는 '전략 레이어'와 '실행 레이어' 2단 구성이다. 전략 레이어에는 각 사업부 임원급을 포함시켜 의사결정 권한을 확보하고 실행 레이어는 실무 전문가들로 구성해 현장 밀착형 솔루션을 개발했다. 이 구조는 한국 기업의 위계적 문화를 존중하면서도 신속한 실행력을 확보하는 절충점이다.

또 하나는 집단주의 문화가 양날의 검으로 작용한다는 점이다. 한국의 집단주의 문화는 AI 도입에서 양면성을 보인다. 초기에는 "다른 사람들도 안 쓰는데 왜 내가?"라는 집단 저항이 강하다. 하지만 임계점을 넘으면 "다들 쓰는데 나만 안 쓰면 뒤처진다"는 심리로 급속히 확산된다.

마지막으로 빠른 추종자 fast follower 문화를 활용할 수 있다. 한국 기업의 강점 중 하나는 해외 선도 사례를 빠르게 벤치마킹하고 현지화하는 능력이다. AI 도입 초기 직원들의 불안이 클 때 글로벌 선도 기업의 성공 사례를 정기적으로 공유하는 '스터디 그룹'을 운영해 아주 큰 효과를 보았다.

악사 시큐어 GPT, 유니퍼의 디지털 스킬스 컴퍼스 등 사례는 각 기업의 상황과 문화에 맞는 최적의 변화 관리 전략이 존재함을 보여준다. 사례를 함께 분석하다 보면 우리도 충분히 할 수 있다는 자신감이 자라난다. 한국 기업은 '사서 고생하는' 선구자 first mover보다 '스마트한' 추종자 역할에서 더 편안함을 느끼는 경향이 있어 이를 변화 관리의 무기로 활용할 수 있다.

코터 교수의 8단계 모델은 AX라는 파도를 헤쳐 나가는 데 유용한 항해술을 제공한다. 그러나 이 모델을 한번 완수하고 끝나는 선형적인 체크리스트로 여겨서는 안 된다. AI 기술이 끊임없이 진화하는 오늘날 변화 관리는 결승선이 없는 여정이며 순환이다. 새로운 AI 기술이 등장하고 시장 환경이 바뀔 때마다 리더는 다시 1단계로 돌아가 새로운 위기와 기회를 감지하고 또 다른 변화의 순환을 시작해야 한다. 이 과정에서 리더의 역할은 단순히 프로젝트 관리자를 넘어 불확실성 속에서도 조직이 끊임없이 학습하고 적응할 수 있는 문화를 만드는 조직 설계자에 가깝다. AI 시대의 진정한 리더십은 변화를 이끄는 능력이 아니라 변화를 조직의 일상으로 만드는 능력에 있다.

AX 파트너십 확보

지금까지는 AI라는 새로운 운영체제를 조직 내부에 성공적으로 설치하는 효율적 과정을 설명했다. 그러나 AI 시대의 경쟁은 잘 만들어진 운영체제만으로 끝나지 않는다. 모든 AI 기술을 내재화하려고 하면 변화의 속도를 따라가지 못하고 오히려 도태의 길을 걷게 된다.

이 지점에서 모든 리더는 "구축할 것인가, 구매할 것인가, 아니면 협력할 것인가?"라는 딜레마에 직면한다. 과거에는 하나의 솔루션을 구매하거나 막대한 자원을 투입해 직접 구축하는 것이 일반적이었다. 그러나 현재 AI 기술의 발전 속도는 한 기업이 따라잡기에는 너무 빠르고 광범위하다. 언어 모델, 이미지 생성, 데이터 분석 등 각 분야 최고의 기술은 각기 다른 기업에서 매일같이 탄생하고 있다. 이러한 환경에서 생존하고 앞서가기 위한 가장 현실적이고 강력한 전략은 협력, 즉 외부의 혁신 역량을 활용하는 AI 생태계를 만드는 것이다. 이는 그저 여러 공급업체의 기술을 조달하는 것을 넘어 각 분야 최고의 기술을 가진 파트너들을 하나의 목표 아래 유기적으로 연결하고 그들의 역량을 조합해 독자적인 경쟁력을 만들어내는 고차원적인 전략이다. 실제로 80% 이상의 기술 경영진이 전략적 제휴가 경쟁력 유지에 필수적이라고 응답한 사실은 이러한 패러다임의 변화를 보여준다.[17] 이는 개별 기업 간의 경쟁에서 생태계 간의 경쟁으로 전환되고 있는 AI 시대의 새로운 성공 방정식이다.

외부 생태계를 지렛대로 활용하라

독일의 산업 기술 기업 지멘스 Siemens가 구축한 개방형 디지털 비즈니스 플랫폼 '지멘스 엑셀러레이터 Siemens Xcelerator' 사례를 살펴보자. 이 사례는 어떻게 한 기업이 단순히 AI 기술의 사용자에 머무르지 않고 산업 생태계의 설계자가 되어 파트너들의 역량을 지렛대 삼아 새로운 가치를 창출할 수 있는지를 보여준다. 이는 이 책의 핵심 철학 중 하나인 AX 플러그인 전략이 현실에서 어떻게 구현되는지에 대한 증명이 될 것이다.[18]

지멘스 엑셀러레이터는 단순히 하나의 소프트웨어가 아니라 하드웨어, 소프트웨어, 파트너 생태계가 결합된 개방형 디지털 비즈니스 플랫폼이다. 그 목표는 건물, 전력망, 교통, 산업 현장 등 현실 세계의 복잡한 문제들을 디지털 기술, 특히 AI를 통해 해결하는 것이다.[19] 이는 현대 산업이 직면한 디지털 전환의 파편화 문제를 해결하기 위해 탄생했다. 수많은 기업이 스마트 팩토리, 지능형 빌딩을 구축하려 하지만 각기 다른 공급업체의 하드웨어와 소프트웨어는 서로 호환되지 않고 데이터는 제각각이다. 이로 인해 AI 도입의 기반인 고품질 데이터 확보가 어렵고 진정한 의미의 지능화도 요원해진다.

지멘스 엑셀러레이터는 파편화의 벽을 허물기 위해 설계된 통합 플랫폼이다. 이는 지멘스와 수많은 파트너들의 기술이 유기적으로 결합된 '솔루션 마켓플레이스'에 가깝다. 엑셀러레이터의 핵심 구성 요소는 다음과 같다.

- 산업용 사물인터넷 및 엣지 컴퓨팅: 플랫폼의 기반은 현실 세계의 데이터를 수집하는 산업용 사물인터넷이다. 공장의 로봇, 건물의 센서 등 모든 물리적 자산에 부착된 센서들이 실시간으로 데이터를 수집한다. 이 데이터는 현장에 설치된 엣지 edge 컴퓨팅 장치에서 1차적으로 처리되어 데이터 전송 지연을 최소화하고 즉각적인 반응을 가능하게 한다. 지멘스는 이 영역에서 자사의 산업 자동화 하드웨어를 기반으로 하면서도 엔비디아 등과 협력해 AI 연산 능력을 강화한다. [20]

- 포괄적인 디지털 트윈: 수집된 데이터는 클라우드에서 현실의 물리적 자산이나 프로세스를 가상 공간에 복제한 디지털 트윈을 만드는 데 사용된다. 지멘스 엑셀러레이터의 디지털 트윈은 기계 하나의 시뮬레이션을 넘어 공장, 건물, 심지어 도시 전체를 가상으로 시뮬레이션할 수 있는 포괄적인 모델을 지향한다. 예를 들어 BMW 그룹은 이러한 디지털 트윈 기술을 활용해 신차 생산 라인을 실제로 건설하기 전에 수천 번의 시뮬레이션을 실행함으로써 병목 현상을 예측하고 설계를 최적화한다.[21] 이는 막대한 비용과 시간을 절약하고 리스크를 최소화한다.

- AI 기반 애플리케이션 마켓플레이스: 지멘스 엑셀러레이터의

진정한 힘은 그 위에 구동되는 다양한 AI 기반 애플리케이션에서 나온다. 지멘스는 자사의 핵심 솔루션뿐만 아니라 수많은 파트너사들이 개발한 전문 애플리케이션을 거래할 수 있는 마켓플레이스를 제공한다. 이는 앱스토어와 유사하다. 예를 들어 한 제조업체는 지멘스 플랫폼 위에 품질 관리에 특화된 스타트업 에톤AI EthonAI의 AI 비전 검사 솔루션을 플러그인해 미세한 불량을 자동으로 감지하게 했다.[22] 또 다른 기업은 공급망 리스크 관리에 강점을 가진 프리웨이브 Prewave의 솔루션을 추가해 잠재적 위험을 실시간으로 감지하는 기술을 선보였다.[23] 이러한 개방형 구조 덕분에 고객은 자신의 문제에 가장 적합한 최고의 솔루션들을 조합해서 맞춤형 AI 시스템을 구축할 수 있다.

• 로우코드 low-code 개발 환경: 지멘스 엑셀러레이터는 전문 개발자가 아니더라도 현장의 엔지니어들이 직접 간단한 AI 애플리케이션을 만들 수 있는 로우코드 개발 환경을 제공한다. 이로써 코딩 지식이 부족한 실무 전문가들이 자신의 도메인 지식을 활용해 현장의 문제를 직접 해결할 수 있도록 지원한다. 예를 들어, 공장 설비 관리자는 특정 설비의 진동 데이터를 모니터링하고 이상 패턴 감지 시 자동으로 알림을 보내는 워크플로우를 구축할 수 있다. 이는 AI 도입의 문턱을 낮추고 현장 중심

의 상향식 혁신을 촉진한다.

이처럼 지멘스 엑셀러레이터는 단일 솔루션이 아닌 하드웨어, 소프트웨어, 파트너 솔루션이 결합된 거대한 생태계 플랫폼이다. 이는 지멘스라는 설계자가 없었다면 탄생할 수 없었으며 파트너십이 개별 기술의 합을 뛰어넘는 시너지를 창출할 수 있음을 보여주는 증거다.

왜 생태계를 만들어야 하는가

지멘스와 같은 거대 기술 기업이 개방형 생태계라는 복잡한 길을 택한 데에는 전략적 이유가 있다.

첫째, 속도의 문제다. AI 기술은 특정 영역에서 수직적으로 깊어지는 동시에 수평적으로 넓게 확산되고 있다. 한 기업이 이 모든 분야에서 최고 수준의 전문성을 유지하는 것은 불가능하다. 생태계 모델은 각 분야에서 가장 앞서 나가는 파트너의 기술을 즉시 플러그인해 시장 변화에 민첩하게 대응할 수 있게 한다.

둘째, 최고 지향의 문제다. 특정 거대 기술 기업의 솔루션을 통째로 도입하는 것은 간편하지만 모든 구성 요소에서 최고가 아닌 적당한 수준의 기술에 만족해야 하며 그 솔루션에 종속되는 '벤더락인 vendor lock-in'의 위험을 감수해야 한다. 반면 생태계 모델은 각 기능별로 시장에서 검증된 최고의 솔루션을 선택적으로 조합해 전체 시스템의 경쟁력을 극대화한다.

셋째, 혁신의 문제다. 폐쇄된 내부 개발 환경에서는 혁신의 속도가 제한된다. 반면 다양한 전문성을 가진 파트너들이 모인 개방형 생태계에서는 서로의 아이디어와 기술이 부딪히며 예상치 못한 시너지가 발생한다. 이러한 개방형 혁신은 생태계 전체가 함께 성장하는 선순환 구조를 만든다.

어떻게 협력을 지속하는가

지멘스 엑셀러레이터의 성공적인 운영 뒤에는 잘 설계된 거버넌스와 명확한 가치 교환 모델이 존재한다.

첫째, 개방성과 통제의 균형을 맞춘 거버넌스다. 지멘스 엑셀러레이터는 누구나 파트너가 되어 솔루션을 개발할 수 있도록 개방성을 유지해 혁신을 촉진하지만 동시에 마켓플레이스에 등록되는 모든 솔루션은 지멘스가 정한 기술 표준, 보안, 품질 기준을 통과해야 하는 통제 장치를 둔다. 이는 생태계의 품질을 보증하고 고객의 신뢰를 확보하기 위한 필수 조치다.

둘째, 상호 이익 기반의 가치 제안이다. 파트너십이 지속 가능하려면 모든 참여자가 명확한 이익을 얻어야 한다. 설계자

[표 15] 지멘스 엑셀러레이터 사례로 본 생태계 모델의 기회와 위협

기회 요인	혁신 가속화	외부의 최신 기술을 신속하게 도입해 R&D 주기를 단축하고 시장 변화에 민첩하게 대응할 수 있다.
	리스크 분산	막대한 AI 개발 비용과 실패 위험을 여러 파트너와 분담해 개별 기업의 부담을 줄일 수 있다.
	시장 표준 선점	성공적인 플랫폼 생태계는 그 자체가 산업 표준이 되어 강력한 진입 장벽을 구축한다.
위협 요인	관리의 복잡성	수많은 파트너와의 관계를 조율하고 이해관계를 조정하는 데 상당한 운영 비용과 노력이 소요된다.
	핵심 역량 상실	외부 기술에 대한 의존도가 지나치게 높아지면 장기적으로 내부 기술 개발 역량이 약화될 수 있다.
	보안 및 데이터 프라이버시	여러 파트너 시스템 간에 민감한 데이터가 오가는 과정에서 보안 사고의 위험이 증가한다.
	파트너 종속성	특정 핵심 기술을 제공하는 소수 파트너에 대한 의존도가 높아지면 향후 협상력이 약화될 수 있다.

(지멘스)는 자사 플랫폼의 가치를 극대화하고 새로운 수익원을 창출하며 시장 지배력을 강화한다. 파트너들은 지멘스가 보유한 전 세계 고객에게 접근할 수 있는 판매 채널을 확보하고 개발 비용과 시간을 단축하며 다른 파트너 기술과 연동해 자사 솔루션의 가치를 높일 수 있다. 고객은 검증된 다양한 솔루션을 한 곳에서 쉽게 도입하고 통합 비용을 절약할 수 있다. 이러한 다자간 '윈윈윈 win-win-win' 구조는 파트너들이 생태계의 성공에 적극적으로 기여하도록 만드는 동기가 된다.

AI 파트너십 구축 실전

지멘스와 같은 글로벌 기업의 생태계 구축 사례는 영감을 주지 만 모든 기업이 그런 규모를 구현할 수는 없다. 생태계 구축의 위험을 관리하기 위해서는 설계자의 강력한 거버넌스 역량과 파트너 선정 및 관리에 대한 명확한 전략도 필수적이다. 중견 규모 조직에서 20개 파트너사와 AI 얼라이언스 AI alliance를 구 축한 실전 경험에서 얻은 교훈을 공유한다.

파트너 선정 기준

기술력만으로 파트너를 선정하면 실패한다. 실제로 중요 한 기준은 세 가지였다.

첫째, 협력 의지와 유연성이다. 최고의 기술을 가진 기업 도 자사 제품 판매에만 집중한다면 진정한 파트너가 될 수 없 다. 고객의 문제에 맞춰 기술을 조정하고 커스터마이징할 의지 가 있는 파트너를 선택해야 한다.

둘째, 레퍼런스 공유 의지다. 성공 사례를 함께 대외적으 로 발표할 수 있는 파트너는 윈윈 관계를 만든다. 이는 파트너가 단기 이익이 아닌 장기적 관계에 투자할 의향이 있다는 신호다.

셋째, 기술 이전과 교육 제공이다. 파트너의 기술을 우리 팀이 이해하고 내재화할 수 있도록 교육을 지원하는 파트너와의 협력이 장기적으로 성공했다. 이는 벤더락인 위험을 줄이고 조직의 자립적 AI 역량을 키우는 데 필수적이다.

단계별 생태계 구축 전략

한 번에 많은 파트너와 협력하면 관리 부담이 과도하다. 효과적이었던 방식은 2단계 접근이었다.

1차 얼라이언스(10개사): 기술 다양성 확보에 집중하는 단계다. 이미지 생성, 자연어 처리, 데이터 분석 등 각 AI 기술 분야별 전문 기업과 기본 협력 관계를 구축한다. 6개월간 실제 프로젝트를 진행하며 파트너의 실행력을 검증한다.

2차 얼라이언스(10개사): 인프라와 전략 보강에 집중하는 단계다. 1차에서 검증된 AI 기술들을 실제 서비스로 안정화하기 위해 클라우드 인프라(마이크로소프트, AWS 등), 전략 컨설팅(딜로이트 등), 운영 자동화 등의 파트너를 추가한다.

단계적 접근 덕분에 파트너 관리 복잡도를 낮추고 각 단계에서 명확한 성과를 도출할 수 있었다. 이 책에서 강조한 린 성장 철학을 파트너십 구축에도 적용한 것이다.

실무 협력 구조의 중요성

화려한 MOU 체결 행사보다 중요한 것은 지속 가능한 실무 협력 구조다. 파트너십 계약 시 반드시 양측의 실무 협력 책임자를 지정하고 분기별 공동 프로젝트 리뷰 미팅을 계약서에 명시하는 것이 중요하다. 전략 부서가 주도한 파트너십은 종종 계약서만 있고 실행은 없는 좀비 파트너십이 된다. 실무 팀 간 명확한 연결고리와 정기적 협력 루틴이 진짜 생태계를 만든다.

새로운 리더십은 경계를 넘는다

지멘스 엑셀러레이터 사례는 AI 시대의 기업 전략이 근본적으로 변하고 있음을 보여준다. 과거의 기업들이 기술을 단순히 소비하는 입장이었다면, 미래의 선도 기업들은 기술 생태계를 설계하고 지휘하는 역할을 수행해야 한다. 이는 최고 기술을 보유하는 것만으로는 충분하지 않으며, 최고 기술들을 어떻게 엮어내고 독창적인 가치를 창출할 것인가가 경쟁의 핵심이 되었음을 의미한다.

생태계 모델은 이 책에서 제시하는 AX 프레임워크의 세 번째 기둥인 AX 플러그인 즉 파트너십 전략의 가장 진화된 형태로, 불확실성이 높은 AI 기술 환경에서 리스크를 최소화하고 성공 확률을 극대화하는 현실적인 접근법이다.

물론 이 모델이 모든 기업에 적용될 수 있는 것은 아니다. 성공적인 생태계 설계자가 되기 위해서는 해당 산업에 대한 깊은 이해, 강력한 파트너 네트워크, 성숙한 거버넌스 역량이 전제되어야 한다. 하지만 이 이야기가 던지는 메시지는 분명하다. AX의 여정에서 '우리 회사'라는 경계 안에만 머물러서는 승리할 수 없다. 경계를 넘어 외부의 혁신가들과 손을 잡고 더 큰 가치를 함께 만들어내는 개방적인 협력의 청사진을 그릴 수 있는 기업만이 다가오는 AI 시대의 진정한 승자가 될 것이다.

AI 트렌드는 현실에 바로 적용해야 하는 상식 중의
상식이 됐다. 알면 좋고, 몰라도 되는 종류의 것이
더는 아니다. AI 기술에 영향받지 않을 분야는
이제 없다. 일의 방식을 뒤바꿀 에이전틱 AI,
인간처럼 세상을 느끼는 멀티모달 AI,
천문학적으로 늘어나는 데이터 저장과 보안
비용을 관리하는 전략인 하이브리드 AI,
마케팅 기본으로 자리 잡은 초개인화 AI,
이 모든 발전의 토대가 될 AI 거버넌스까지,
개념과 시장 동향을 알아둬야 한다.

4장

반드시 알아야 할
AI 트렌드

앞서 AX 여정을 위한 구체적인 실행 도구를 다루었다. 특히 지멘스가 파트너들과 함께 거대한 디지털 비즈니스 플랫폼을 만든 이야기는 AI 시대의 경쟁이 더 이상 한 기업의 힘만으로는 이길 수 없는 생태계 간의 총력전으로 변했음을 보여준다. 각 분야의 고수들과 어떻게 손을 잡고 시너지를 만들어내느냐가 승패를 가른다.

이제 시선을 좀더 먼 지평선으로 옮겨야 한다. 다가올 미래를 주도할 거대한 기술의 파도는 어떤 모습이며 그 거친 파도 속에서 기업이 중심을 잃지 않고 나아가려면 어떤 원칙을 붙잡아야 할까? 원칙을 세울 때는 내 앞에 놓인 환경, 즉 바깥을 관찰해야 한다. 이 장에서는 본격적으로 비즈니스 풍경을 근본적으로 바꾸는 다섯 가지 핵심 AI 트렌드를 깊이 있게 분석한다. 이 트렌드들은 단순한 유행이 아니다. 이것은 우리가 일하고 소통하며 가치를 만들어내는 방식 그 자체를 재정의하는 거대한 패러다임 전환이다. 따라서 이 흐름을 이해하는 것은 미래를 준비하고 주도해야 할 리더의 필수 덕목이다.

트렌드 1. 에이전틱 AI의 본격화

새로운 '직원'의 등장

AI 생태계가 하나의 거대한 도시라면 다양한 기술과 서비스가 유기적으로 연결된 이 도시에서 기업들은 파트너십을 통해 필요한 자원을 얻고 새로운 가치를 창출한다. 그렇다면 복잡한 도시를 스스로 돌아다니며 주어진 임무를 완수하는 지능적인 '시민'이 등장한다면 많은 부분이 달라질 것이다. 바로 이 지점이 최근 AI 논의의 중심을 관통하는 '에이전틱 AI agentic AI'의 시작점이다.

지금까지 우리가 경험한 AI, 특히 생성형 AI는 놀라운 능력을 보여주었지만 본질적으로는 인간의 지시에 수동적으로 반응하는 도구였다. 뛰어난 능력을 가졌지만 모든 단계마다 구체적인 명령을 내려야만 움직이는 유능한 조수와 같았다. 인간이 질문을 던지면 AI는 답변을 생성했다. 인간이 지시를 내리면 AI는 콘텐츠를 만들었다. 이 상호작용의 주도권은 언제나 인간에게 있었다.

하지만 에이전틱 AI는 이 관계를 바꾼다. 더 이상 수동적인 조수가 아니라 높은 수준의 목표가 주어지면 스스로 계획을 세우고 필요한 도구를 사용하며 여러 단계를 거쳐 과업을 완수하는 자율적인 '행위자'다. 이들을 조직의 새로운 구성원, 즉 '디지털 직원' 또는 '가상 동료'라고 부를 수 있다.

이는 AI가 '콘텐츠를 생성하는(create)' 단계를 지나 '과업을 완수하는(complete)' 단계로 진입함을 의미한다. 이미 주요 예측 기관들은 에이전틱 AI를 2026년 현재 가장 주목해야 할 기술 트렌드로 지목하고 있으며, 2028년까지 일상적인 업무 결정의 최소 15%가 인간의 개입 없이 에이전틱 AI에 의해 자율적으로 이루어질 것이라고 한다.[1] 이것은 더 이상 먼 미래의 이야기가 아니라 지금 우리 눈앞에서 펼쳐지고 있다. 다가오는 '자율성의 시대'를 맞이하는 모든 리더가 반드시 이해해야 할 새로운 게임의 법칙, 그 첫 번째 장은 에이전틱 AI에 주어져야 한다.

스스로 생각하고 계획하고 실행까지

에이전틱 AI의 개념을 이해하는 가장 쉬운 방법은 이미 익숙한 생성형 AI와의 차이점을 생각해보는 것이다. 둘의 관계는 단순히 업그레이드의 문제가 아니라 역할과 기능의 근본적인 차이에 있다.

생성형 AI는 본질적으로 반응적 reactive이다. 사용자가 구체적인 프롬프트를 단계별로 입력하면 그에 맞춰 텍스트, 이미지, 코드 같은 결과물을 내놓는다. 이는 뛰어난 전문가 조수에게 "시장 분석 보고서 초안 좀 써줘. 먼저 경쟁사 A의 강점을 요약하고, 그다음 우리 제품의 약점을 분석해줘"와 같이 아주 세부적인 지시를 내리는 것과 같다. 조수는 각 지시에 충실하게 결과물을 가져오지만 스스로 다음 단계를 계획하거나 '보고서 완성'이라는 최종 목표를 향해 주도적으로 움직이지는 않는다.

반면 에이전틱 AI는 주도적 proactive이다. 이 시스템에는 세부 지시가 아닌 "다음 주 월요일까지 3분기 시장 분석 보고서 완성해줘"와 같은 높은 수준의 목표가 주어진다. 그러면 에이전트는 이 목표를 달성하기 위해 스스로 전체 일을 여러 단계로 쪼개고 각 단계에 필요한 행동을 계획하며 자율적으로 업무를 수행한다. 예를 들어 내부 CRM 시스템에 접속해 판매 데이터를 뽑아내고 인터넷을 검색해 경쟁사 뉴스를 모으며 분석 도구를 사용해 데이터를 시각화하고 마지막으로 이 모든 것을 종합해 보고서 초안을 작성하는 전 과정을 사람의 개입 없이 진행할 수 있다.

이러한 근본적인 차이는 인간과 AI의 관계를 재정의한다. 생성형 AI 시대에 인간의 역할이 AI라는 도구를 잘 다루는 조종사였다면 에이전틱 AI 시대의 인간은 디지털 직원에게 목표를 주고 성과를 관리하는 관리자 또는 전략가로 진화한다. 이제 AI를 잘 쓰기 위해 필요한 핵심 역량은 기술을 잘 다루는 능력에서 일을 전략적으로 맡기고 감독하는 능력으로 이동하고 있다. 이는 앞으로 기업의 인재 개발과 리더십 교육에 중대한 변화를 요구할 것이다.

에이전틱 AI가 지닌 능력은 우리가 '유능한 직원'이라고 여기는 사람들이 갖춘 역량과 놀라울 정도로 유사하다.

첫째, 자율성과 목표 지향성이다. 유능한 직원은 '이메일 초안 작성, 엑셀 데이터 정리' 같은 세세한 과업 목록을 받지 않아도 '신규 고객 제안서 준비'라는 상위 목표를 이해하고 스스로 필요한 업무를 찾아 수행한다. 마찬가지로 에이전틱 AI는 최종 목표를 달성하기 위해 필요한 행동들을 스스로 결정하고 실행할 수 있다.

둘째, 기억과 맥락 이해 능력이다. 우리는 어제 회의 내용을 기억하고 지난 분기 보고서를 참고해 현재 업무를 처리한다. 에이전틱 AI 역시 단기 기억을 통해 지금 하는 일의 맥락을 유지하고 장기 기억을 통해 과거의 경험을 학습해 미래의 행동을 개선한다. 매번 백지상태에서 반응하는 것이 아니라 연속적인 경험을 통해 점점 더 똑똑해지는 '학습하는 직원'이 되는 셈이다.

셋째, 도구 사용 능력이다. 현실 세계의 직원은 이메일, CRM, ERP 등 다양한 소프트웨어를 능숙하게 사용한다. 에이전틱 AI의 진정한 힘도 바로 도구 사용 능력에서 나온다. 에이전틱 AI는 외부 응용 프로그램 application programming interface·API을 호출해 다른 소프트웨어와 상호작용하고 인터넷을 검색하며 계산기나 코드 실행기 같은 도구를 활용할 수 있다. AI의 작업 공간이 챗봇 창을 넘어 기업의 전체 디지털 환경으로 확장되는 것이다.

마지막으로 계획 및 조율 능력이다. 프로젝트 매니저는 복잡한 목표를 달성 가능한 작은 단위로 나누고 순서를 정하는 계획을 수립한다. 에이전틱 AI도 복잡한 목표를 여러 하위 단계로 논리적으로 분해하고 여러 에이전트를 조율해 협력하게 만드는 '다중 에이전트 시스템'으로 발전하고 있다. 예를 들어 리서치 에이전트가 데이터를 수집하면 분석 에이전트가 이를 처리하고 작성 에이전트가 보고서를 쓰는 방식으로 협업하는 것이다. 이 네 가지 요소가 결합해 AI는 비즈니스 환경이라는 현실 세계에서 실질적 변화를 만들어내는 자율적 행위자로 거듭나게 된다.

에이전틱 AI가 바꾸는 일의 방식

에이전틱 AI의 등장은 단순히 특정 업무가 자동화되는 수준을 넘어 기업의 운영 방식과 경쟁 우위의 원천 자체를 바꾸는 잠재력을 가진다. 그 영향력은 비즈니스 프로세스를 더욱 가속화하고 유연하게 만들며 개인화하고 위기 상황에 강하게 만드는 다섯 가지 핵심적인 이점으로 나타난다.

첫 번째 이점은 '가속화'다. 전통적인 업무는 부서 간, 담당자 간의 순차적인 '핸드오프'로 이루어진다. 이 과정에서 발생하는 수많은 대기 시간과 병목 현상은 업무 속도를 저하시키는 주된 원인이다. 에이전틱 AI는 이러한 인간의 개입과 대기 시간을 제거하고 여러 단계를 동시에 병렬적으로 처리함으로써 전체 프로세스의 사이클 타임을 극적으로 단축시킨다.

두 번째는 '적응성'이다. 비즈니스 환경은 갑작스러운 공급망 중단, 경쟁사의 신제품 출시 등 예측 불가능한 변수로 가득하다. 에이전틱 AI는 실시간으로 외부 데이터를 수집하고 분석해 변화를 감지하고 그에 맞춰 기존의 작업 흐름을 즉시 수정하거나 우선순위를 재조정할 수 있다. 이를 통해 기업은 변화에 수동적으로 대응만 하는 것이 아니라 능동적으로 적응하는 유기체적인 조직으로 진화할 수 있다.

셋째, 진화된 '개인화'다. 지금까지의 개인화는 주로 고객에게 맞춤형 콘텐츠를 추천하는 마케팅 영역에 국한되었다. 그러나 에이전틱 AI는 고객 개개인의 상황에 맞춰 전체 서비스 프로세스 자체를 동적으로 바꿀 수 있다. 예를 들어 특별한 서비스가 필요한 VIP 고객의 에이전트는 더 많은 권한을 가지고 즉각적인 환불을 처리하고, 공통적인 서비스 처리가 중요한 일반 고객의 에이전트는 표준 절차에 따라 문제를 해결하는 식으로 프로세스 자체가 개인화된다.

넷째, '탄력성'이다. 기업은 계절적 수요나 이벤트로 업무량이 급증하는 상황에 직면한다. 인력 기반 모델에서는 비정규직을 고용하거나 초과 근무를 해야 하는 비효율이 발생한다. 디지털 자원인 에이전틱 AI는 필요에 따라 즉시 수백, 수천 개로 확장하거나 축소할 수 있어 고정 비용 없이 수요 변동에 완벽하게 대응하는 탄력적인 운영 체계를 가능하게 한다.

마지막으로 '회복탄력성'이다. 시스템 장애, 공급망 지연과 같은 위기 상황에서 에이전틱 AI는 문제를 조기에 감지하고 자율적으로 문제를 해결하거나 대체 경로를 찾아 운영을 정상화한다. 이는 비즈니스가 예상치 못한 충격에도 쉽게 무너지지 않고 신속하게 회복할 수 있는 능력을 갖추게 한다.

이러한 변화 앞에서 많은 이들이 일자리에 대한 불안을 느끼는 것은 당연하다. 하지만 선도적인 기업들의 접근 방식은 인력 대체가 아닌 능력 증강에 초점을 맞추고 있다. AI를 인간과 경쟁하는 존재가 아니라 인간의 능력을 극대화하는 강력한 파트너로 활용하는 것이다. 새로운 협업 모델에서 에이전틱 AI는 주로 반복적이고 데이터를 기반으로 하는 업무를 담당하고 인간은 복잡한 문제 해결, 전략적 의사결정, 창의적인 아이디어 발상, 고객과의 공감대 형성, 윤리적 판단 등 고차원적인 역량이 필요한 영역에 집중하게 된다. 이는 인간의 역할이 실행자에서 에이전틱 AI라는 디지털 직원을 관리하고 감독하는 관리자로, AI가 제공하는 분석 결과를 해석하고 최종 결정을 내리는 의사결정자로 변화함을 의미한다.

이러한 변화는 조직 전체의 생산성을 기하급수적으로 향상시키는 동시에 직원들에게는 반복적인 업무에서 벗어나 더 의미 있고 만족도 높은 일에 집중할 기회를 제공한다. 결국 에이전틱 AI 시대의 경쟁력은 얼마나 많은 인간을 AI로 대체했는가가 아니라 인간과 AI의 협업을 얼마나 효과적으로 설계해 시너지를 창출했는가에 의해 결정될 것이다.

산업별 활용 시나리오

에이전틱 AI는 이미 다양한 산업 현장에서 구체적인 가치를 만들어가는 중이다. 아직 초기 단계임에도 금융, 공급망, 인사, 마케팅, 소프트웨어 개발 등 핵심 비즈니스 기능 전반에서 이 '디지털 직원'의 활약이 시작되었다. 실제 보고된 사례들을 바탕으로 재구성한 산업별 활용 시나리오는 다음과 같다.

먼저 공급망 및 물류 분야에서는 자율적 위기 대응에 에이전틱 AI를 활용할 수 있다. 한 글로벌 물류 기업은 전 세계 공급망을 24시간 모니터링하는 에이전틱 AI를 운영한다. 에이전틱 AI은 기상 데이터, 항만 혼잡도, 지정학적 뉴스 등 수백 개 외부 데이터를 계속 분석한다. 어느 날 특정 지역의 기상 악화로 주요 항구가 폐쇄될 조짐이 보이면 에이전틱 AI는 즉시 해당 항구를 지날 예정이던 모든 화물 목록을 식별하고 비용과 시간을 최소화하는 최적의 대체 경로를 찾아낸다. 곧바로 관련 부서에 계획을 제안하고 승인을 받은 뒤 자동으로 운송 예약을 변경하고 모든 관계자에게 변경된 일정을 알린다. 이 모든 과정이 인간 담당자가 문제를 알아채기도 전에 불과 몇 분 동안 이루어진다.

금융 및 회계 분야에서는 지능형 재무 프로세스 자동화 에이전트가 활약한다. 한 대형 금융 기관의 재무팀은 매달 수천 건의 공급업체 인보이스를 처리하는 에이전틱 AI를 도입했다. 에이전틱 AI는 이메일로 받은 인보이스 PDF 파일에서 데이터를 자동으로 추출하고, 내부 구매 주문 시스템 정보와 대조해 일치 여부를 검증한다. 만약 불일치 항목이 있거나 특정 금액을 넘어가면 규칙에 따라 담당자에게 승인을 요청하는 일을 자동으로 행한다. 검증이 끝난 인보이스는 ERP 시스템에 자동으로 등록되고 결제가 예약된다. 덕분에 인보이스 처리 시간은 70% 이상 단축되었고 수작업으로 인한 오류는 거의 사라졌다.

인사 분야에서는 채용 관리 에이전틱 AI가 모든 행정을 관리한다. 채용 공고가 올라가면 에이전틱 AI는 수천 개의 이력서를 자동으로 검토해 직무에 가장 적합한 상위 10명의 후보자를 골라낸다. 그리고 후보자들에게 자동으로 이메일을 보내 면접 가능 시간을 묻고 회신 내용을 바탕으로 면접관들의 일정과 회의실 예약을 조율해 최적의 면접 스케줄을 확정한다. 면접이 끝나면 피드백 입력을 요청하고 합격자에게 다음 절차를 안내하는 등 모든 행정 업무를 자율적으로 처리한다.

마케팅 및 영업 분야에서는 초개인화 마케팅 에이전틱 AI가 가치를 창출한다. 에이전틱 AI는 먼저 생성형 AI를 활용해 특정 고객 그룹을 위한 수백 가지 버전의 광고 문구와 이미지를 만든다. 그리고 이 광고물들을 소셜 미디어, 이메일 등 여러 채널에 자동으로 배포한다. 캠페인이 시작되면 각 채널에서 발생하는 고객 반응을 실시간으로 분석해 가장 성과가 좋은 광고를 찾고 인간 마케터의 개입 없이 자동으로 광고 예산을 성과가 좋은 쪽으로 옮겨 캠페인 전체의 ROI를 극대화한다.

소프트웨어 개발 분야에서도 자율적 AI 소프트웨어 엔지니어가 주목받고 있다. 개발자가 '사용자 로그인 기록 다운로드 기능 추가' 같은 요구사항을 등록하면 에이전틱 AI가 그 일을 맡는다. 먼저 기존 코드를 분석해 기능을 추가할 곳을 찾고 필요한 코드를 직접 작성한다. 코딩이 끝나면 자체적으로 테스트해 버그를 발견하면 직접 수정한다. 모든 과정이 끝나면 인간 개발자가 최종 검토하고 병합할 수 있도록 코드 변경사항을 제출한다. 이는 개발자가 반복적인 코딩 작업에서 벗어나 더 창의적인 설계에 집중할 수 있게 해준다.

에이전틱 AI를 검토하는 기업들이 가장 자주 묻는 질문은 '어디서부터 시작해야 하는가?'다. 앞서도 이야기해왔듯 분야를 불문하고 성공하는 조직은 기술이 아닌 고통에서 출발한다. 즉 앉아서 골똘히 생각하기보다 각 부서를 돌며 '지금 가장 시간을 낭비하는 반복 업무가 무엇인가?'를 묻는 편이 낫다. 생성형 AI 파일럿 프로젝트의 대부분이 제대로 비즈니스 수익을 내지 못하는 주된 원인은 '해결하고 싶은 문제'보다 '사용하고 싶은 기술'을 먼저 정했기 때문이다.

기회와 함께 오는 위협 그리고 거버넌스

일상 업무 결정의 15%가 에이전틱 AI에 의해 자율적으로 이루어진다는 전망은 명확한 업무 표준화와 데이터 준비가 전제된 조직에 한정된다. 거버넌스 없는 자율성은 리스크로 작용한다. IBM은 중앙에서 관리되지 않는 '섀도우 AI 에이전트 shadow AI agents'의 위험성을 경고했다. 각 부서가 서로 다른 AI 도구를 무분별하게 도입하면 데이터 유출, 비용 폭증, 품질 불균형 문제가 발생한다.

에이전틱 AI가 제공하는 자율성과 강력한 실행 능력은 비즈니스에 전례 없는 기회를 주지만 동시에 새로운 차원의 리스크를 동반하는 양날의 검이다. 생성형 AI의 오류가 잘못된 '정보'를 만드는 문제였다면 에이전틱 AI의 오류는 현실 세계에서 치명적인 손실을 유발하는 잘못된 '행동'으로 이어질 수 있다. 공급망 에이전틱 AI의 잘못된 판단 하나가 수백만 달러 규모의 물류 대란을 일으킬 수 있고 재무 에이전틱 AI의 오류가 규제 위반이나 자금 손실로 직결될 수 있다. 따라서 이 강력한 디지털 직원을 안전하게 통제하고 관리할 수 있는 성숙한 거버넌스 체계를 구축하는 것이 무엇보다 중요하다.

자율성이 높아질수록 리스크의 종류와 심각성도 함께 커진다. 리더들은 잘못된 의사결정과 연쇄 오류의 위험을 인지해야 한다. 에이전틱 AI는 불완전한 정보를 바탕으로 잘못된 결정을 내릴 수 있으며 이 결정이 다른 시스템들로 연쇄적인 파급 효과를 일으킬 수 있다.

또한 보안 취약점과 악의적 조종 가능성도 있다. 에이전틱 AI는 기업의 핵심 시스템에 접근하기 때문에 해커들의 새로운 공격 목표가 된다. 공격자들은 에이전틱 AI에게 조작된 데이터를 입력해 그 행동을 탈취하거나 민감한 데이터를 유출하도록 유도할 수 있다.

데이터 프라이버시 및 기밀 유출 역시 중요한 문제다. 업무를 자율적으로 수행하기 위해 에이전틱 AI는 고객 개인정보, 재무 데이터 등 기업의 가장 민감한 정보에 접근해야 하며 이는 데이터 유출의 위험을 극적으로 넓힌다.

마지막으로 투명성 및 책임 추적의 어려움이 있다. 에이전틱 AI의 의사결정 과정이 복잡한 블랙박스처럼 작동할 경우 특정 행동이 왜 일어났는지 추적하고 설명하기가 매우 어려워진다.

이러한 새로운 위험에 대응하기 위해 가트너가 제시한 것이 2장에서도 설명한 'AI 신뢰, 리스크 및 보안 관리'를 의미하는 'AI TRiSM'이라는 포괄적인 거버넌스 프레임워크다.[2] 복잡한 프레임워크를 비즈니스 리더가 이해하기 쉽게 네 가지 핵심 원칙, 즉 새로운 디지털 직원을 관리하기 위한 사규로 재구성하면 다음과 같다.

먼저 AI 거버넌스를 통해 '누가, 무엇을, 왜 하는가'를 명확히 해야 한다. 조직 내에 어떤 에이전틱 AI가 있는지 파악할 수 있는 'AI 자산 인벤토리'를 구축하고 각 에이전트의 역할과 책임, 행동 규칙, 의사결정 권한을 명확히 정의하는 정책을 수립하며 문제가 발생했을 때 책임질 수 있는 인간 감독자를 지정해야 한다.

다음으로 런타임 검사를 통해 에이전틱 AI의 업무를 실시간으로 모니터링해야 한다. 에이전틱 AI가 실제 업무를 수행하는 동안 그 행동을 실시간으로 감시하고 정책을 위반하거나 이상 행동을 보일 경우 즉시 경고하거나 자동으로 작동을 중지시키는 '자동화된 안전장치'와 '긴급 정지 스위치'가 필수다.

또한 정보 거버넌스 원칙에 따라 알아야 할 것만 알게 해야 한다. 인간 직원처럼 에이전틱 AI에게도 최소 권한의 원칙을 적용해 주어진 임무 수행에 반드시 필요한 최소한의 데이터에만 접근하도록 엄격히 통제해야 한다.

마지막으로 인프라 보안을 강화해 에이전틱 AI의 사무 공간을 안전하게 만들어야 한다. 에이전틱 AI가 사용하는 기반 기술, 즉 API, 클라우드 환경, 연동된 애플리케이션 자체의 보안을 강화해 외부 공격자가 시스템을 해킹하는 것을 막는 것은 거버넌스의 필수적인 토대다.

이러한 거버넌스 체계의 도입은 리스크 관리를 비용이 아닌 신뢰를 기반으로 AI의 가치를 극대화하는 전략적 투자로 인식하는 관점의 전환을 의미한다.

트렌드 2. 멀티모달 AI의 실용화

텍스트 너머 감각의 시대로

그동안 우리는 AI와 주로 키보드를 통해 대화했다. 챗지피티와 같은 거대언어모델은 놀라울 정도로 유창한 작가였지만 그들의 세계는 문자로만 이루어져 있었다. 우리는 AI에게 질문을 던지고 글로 된 답변을 받았다. 그러나 이제 AI는 더 이상 키보드 뒤에 갇힌 문장가가 아니다.

AI는 우리처럼 보고, 듣고, 주변 세상의 맥락을 이해하기 시작했다. AI가 방 안 책상에 들어앉아 열심히 쓰고 그리는 문하생에서 우리가 경험하지 못하는 바깥 상황을 파악하는 파트너로 진화한 것이다. 이는 AI 기술의 패러다임이 단일정보양식 unimodal에서 여러 감각을 아우르는 복합정보양식, 즉 멀티모달 multimodal로 전환되었음을 의미한다.

비즈니스 리더의 관점에서 멀티모달 AI를 이해하는 가장 쉬운 방법은 인간의 감각에 비유하는 것이다. 만약 기존 AI가 읽고 쓰는 법을 배웠다면 멀티모달 AI는 보고, 듣고, 여러 감각 정보를 종합해 결론을 내리는 법을 배우고 있다. 이는 이미지, 오디오, 텍스트, 비디오, 심지어 기계의 센서 데이터까지 각기 다른 형태의 정보를 동시에 처리하고 통합해 마치 인간처럼 종합적인 상황 판단을 내리는 기술이다.

예를 들어 멀티모달 AI는 고객의 불만 이메일(텍스트)을 읽는 동시에 고객이 첨부한 고장 난 제품 사진(이미지)을 분석하고 고객 지원 센터에 남긴 격앙된 음성 메시지(오디오)의 톤을 파악해 문제의 심각성을 입체적으로 이해한다.

이러한 변화는 거대한 경제적 기회를 창출하고 있다. 시

장 분석 기관들은 멀티모달 AI 시장이 폭발적으로 성장할 것
으로 예측한다. 2025년 약 25억1000만 달러 규모의 시장은
연평균 36.92%라는 성장률을 기록하며 2034년에는 약 423
억8000만 달러 규모로 팽창할 전망이다. [3]

거품에 관한 해석

2025년 가트너 보고서에서 현재 멀티모달 AI는 기술에 대한
기대가 최고조에 달하는 '기대 거품의 정점'에 위치하며, 향후
5년 이내에 주류 기술로 자리 잡을 것으로 예측된다. [4] 이는 멀
티모달 AI 역량이 미래 소프트웨어 시장에서 선택 사항이 아
닌 기본 사양이 될 것임을 의미한다.

여기서 중요한 전략적 시사점을 발견할 수 있다. 멀티모
달 AI가 기대 거품의 정점에 있다는 사실은 이 기술을 둘러싼
과장된 기대와 현실 사이의 간극이 가장 큰 시기임을 의미한다.
많은 기업이 명확한 전략 없이 빅뱅 접근법으로 프로젝트를 시
도하다가 좌절하고 환멸의 계곡으로 추락할 가능성이 높다.

이 책에서 누누이 말해온 AX 전략으로 거품에 휩쓸려 무
모한 대규모 투자를 감행하는 대신 기술의 잠재력을 정확히 인
지하고 가장 가치 있는 특정 문제에 집중해 작고 검증된 성공
을 만들어내는 현명한 투자자의 길을 걸어야 한다. 기대 거품

의 정점이라는 경고는 기술 자체의 위험이 아닌 기술에 접근하는 방식의 위험을 지적하는 것이다.

AI는 어떻게 보고 듣고 이해하게 되었나

멀티모달 AI가 어떻게 다양한 정보를 이해하는지 그 내부를 들여다보는 것은 더 이상 소수 기술자만의 영역이 아니다. 비즈니스 리더 역시 그 기본 원리를 이해해야만 기술의 잠재력을 제대로 활용하고 현실적인 기대를 설정할 수 있다. 작동 방식은 4단계의 논리적 과정으로 설명할 수 있다.

첫째, 데이터 입력(수집) 단계다. 인간의 오감이 주변 환경으로부터 시각, 청각 정보를 수집하듯 멀티모달 AI는 고객의 이메일(텍스트), 제품 사진(이미지), 공장 기계 소음(오디오) 등 다양한 형태의 데이터를 활용한다.

둘째, 인코딩(번역) 단계다. 우리의 뇌가 시각 정보와 청각 정보를 다른 부위에서 처리하듯 AI도 각 데이터 유형에 특화된 '전문 번역가'를 두고 있다. 이 과정을 통해 모든 데이터는 AI가 이해할 수 있는 공통의 수학적 언어, 즉 '임베딩embedding'이라는 숫자 벡터 형태로 변환된다.

셋째, 데이터 융합(통합) 단계가 바로 멀티모달 AI의 심장부다. 각기 다른 감각 기관에서 처리된 정보가 뇌에서 하나로 합쳐져 종합적인 상황 판단을 내리는 것처럼 각기 다른 데이터로부터 추출한 임베딩 벡터들이 하나의 공간에서 결합된다. 이 융합 과정 덕분에 AI는 문서에 적힌 '정지'라는 단어, 도로 위의 붉은색 팔각형 표지판 이미지, 자동차의 급정거 소리가 모두 '멈춤'이라는 동일한 개념과 연결되어 있음을 이해할 수 있다.

마지막은 결과 생성(표현) 단계다. 통합적 이해를 바탕으로 AI는 최종적인 결과물을 만들어내며 이 결과물 역시 텍스트에 국한되지 않고 제품 이미지를 보고 그 특징을 설명하는 음성 안내를 생성하거나 텍스트 시나리오를 바탕으로 짧은 홍보 비디오를 만들어내는 것도 가능하다.

왜 지금 이 기술이 비즈니스 현장으로 빠르게 확산되고 있는지에 대한 세 가지 주요 요인이 있다. 첫째, 오픈AI OpenAI의 'GPT-5', 구글의 '제미나이 Gemini 2.0'과 같은 최신 파운데이션 모델의 폭발적인 발전 덕분이다. 둘째, 기업 내부에 잠자고 있던 막대한 양의 이미지, 비디오, 음성 파일 같은 비정형 데이터의 경제적 가치를 발견했기 때문이다. 멀티모달 AI는 이 잠자는 데이터 자산에서 실질적인 비즈니스 가치를 추출할 수 있는 열쇠다. 셋째, AI 모델을 훈련하고 운영하는 데 드는 비용이 기하급수적으로 감소하면서 경제적 접근성이 확대되었기 때문이다.

감각 데이터를 비즈니스 가치로 전환하는 법

멀티모달 AI의 잠재력도 결국 비즈니스 현장에서 측정 가능한 가치, ROI로 증명되어야 한다. 이미 여러 산업 분야의 선도 기업들은 멀티모달 AI를 활용해 실질적인 성과를 창출하고 있다.

리테일 및 이커머스 분야에서는 고객 경험을 혁신 중이다. 오늘날 소비자들은 온라인과 오프라인의 경계가 없는 직관적이고 고도로 개인화된 쇼핑 경험을 기대한다. 멀티모달 AI는 시각, 음성 등 다양한 채널을 통해 고객의 숨은 의도를 파악하고 마치 숙련된 점원처럼 고객과 상호작용하며 한 차원 높은 쇼핑 경험을 제공한다. 예를 들어 고객이 마음에 드는 옷 사진을 애플리케이션에 올리면 AI가 유사한 스타일의 제품을 즉시 찾아주는 '이미지 기반 검색' 기능은 구매 전환율을 25~30% 증가시키는 것으로 나타났다. 또한 고객의 웹사이트 활동, 소셜 미디어 '좋아요' 등을 종합 분석해 제공하는 '초개인화 추천'은 매출을 6~10%까지 증대시킬 수 있다.[5]

제조업에서는 지각 능력을 갖춘 공장을 실현한다. 생산라인에서의 미세한 품질 결함, 갑작스러운 설비 고장은 제조업의 수익성을 위협하는 고질적인 문제다. 멀티모달 AI는 생산

라인 곳곳에 설치된 카메라, 마이크, 센서 등을 통해 인간을 뛰어넘는 초감각으로 공장을 관리하는 지능형 관제탑 역할을 수행한다. 고해상도 카메라와 AI를 이용한 'AI 비전 품질 검사'는 불량 검출 정확도를 97% 이상으로 향상시키고 폐기물 비용을 최대 25%까지 절감한다. 또한 설비의 소음, 진동, 온도를 종합 분석하는 '예지 보전 predictive maintenance'은 예기치 않은 설비 가동 중단 시간을 최대 50%까지 줄인다.

헬스케어 분야에서는 360도 관점의 정밀 의료를 가능하게 한다. 환자의 상태는 엑스레이, 진료 기록, 유전체 데이터 등 여러 조각으로 나뉘어 존재한다. 멀티모달 AI는 흩어져 있는 환자의 모든 의료 데이터를 하나의 통합된 모델로 분석해 개별 데이터만으로는 발견할 수 없었던 질병의 미묘한 패턴을 찾아내 진단의 정확도를 높인다. 2025년 발표된 구글의 연구용 에이전틱 AI '에이미 AMIE'는 환자와의 텍스트 대화, 피부 발진 사진 분석 등을 통해 실제 전문의보다 더 높은 진단 정확도를 보였으며 심지어 공감 능력 면에서도 더 높은 점수를 받았다.[6]

금융 분야에서는 보이지 않는 위협을 감지한다. 금융 기관은 날로 지능화되는 금융 사기에 대응해야 하는 동시에 비효율적인 서류 기반 업무를 개선해야 하는 이중고를 겪고 있

[표 16] 멀티모달 AI 산업별 활용 사례 및 정량적 ROI

산업 분야	주요 활용 사례	측정 가능한 ROI 예
유통/ 이커머스	이미지 검색 및 초개인화 추천	• 구매 전환율 25~30% 증가 • 매출 6~10% 증대
제조업	AI 비전 품질 검사 및 예지 보전	• 불량 검출 정확도 97% 이상 달성 • 예기치 않은 설비 가동 중단 50% 감소
헬스케어	의료 영상 및 진자건강기록(EHR) 통합 진단 보조	• (연구 환경에서) 인간 의사보다 높은 진단 징확도 기록 • 업무 흐름 효율성 30~40% 향상
금융	대출 심사 서류 처리 자동화	• 문서 처리 건당 비용 80% 절감 • 승인 소요 시간 20배 단축

다. 멀티모달 AI는 대출 신청자가 제출한 급여 명세서 스캔본(이미지), 소득세 신고서(텍스트) 등 다양한 형식의 문서를 자동으로 인식하고 정보를 추출해 '대출 및 모기지 심사'를 자동화한다. 한 모기지 대출 기관은 이를 통해 대출 승인 시간을 20배 단축하고 문서 처리 비용을 80%나 절감했다.

책임과 신뢰, 협업으로

멀티모달 AI가 제공하는 능력은 필연적으로 그에 상응하는 책임과 위험을 동반한다. AI가 인간의 감각을 모방하면서 과거에는 상상하기 어려웠던 새로운 윤리적, 사회적 문제들이 수면 위로 떠오르고 있다.

어두운 이면에는 새로운 차원의 위협이 존재한다. 멀티

모달 AI는 현실과 구별이 불가능할 정도로 정교한 딥페이크 Deepfake 콘텐츠를 만드는 핵심 엔진이다. 또한 AI 모델이 특정 억양의 목소리(오디오)나 특정 인종의 얼굴 표정(비디오)을 부정적으로 해석하도록 학습해 편향을 증폭시키고 심각한 차별을 낳을 수 있다. 나아가 우리의 얼굴, 목소리, 행동을 데이터로 수집하고 분석하는 과정에서 전례 없는 수준의 사생활 침해와 감시 사회에 대한 우려를 낳는다.

이러한 위험에 대한 해답은 기술을 외면하는 것이 아니라 책임감을 갖고 관리하는 것이다. '책임 있는 AI'는 더 이상 선택이 아닌 비즈니스의 지속 가능성을 위한 핵심 전략이다. 모든 AI 프로젝트는 기획 단계부터 공정성, 신뢰성, 개인정보 보호, 포용성, 투명성, 책임성이라는 6대 원칙을 기준으로 설계되고 평가되어야 한다.

특히 AI가 왜 그런 결정을 내렸는지 인간이 이해할 수 있는 형태로 설명해주는 '설명 가능한 AI explainable AI·XAI' 기술 도입은 AI의 오류를 수정하고 편향을 감지하며 신뢰를 얻는 데 필수적이다. 결국 회사의 AI가 공정하고 투명하며 안전하다는 것을 객관적으로 증명할 수 있는 능력 자체가 핵심적인 제품 기능이자 시장 차별화 요소가 된다. 멀티모달 AI 시대의 가장 견고한 경쟁 우위는 기술 그 자체가 아니라 기술 위에 쌓아 올

린 신뢰에서 나온다.

멀티모달 AI의 등장은 지난 수십 년간 이어져 온 인간과 컴퓨터의 관계가 근본적으로 재정의되는 거대한 변곡점이다. 우리는 지금 '인간-컴퓨터 상호작용'의 시대를 지나, '인간-AI 협업'이라는 새로운 시대로 진입하고 있다.

과거에는 인간이 컴퓨터의 규칙에 맞춰야 했지만 이제는 컴퓨터가 인간의 언어와 행동 그리고 맥락을 이해하고 우리에게 맞추기 시작했다. 미래의 업무 환경은 더 이상 책상 앞 네모난 화면에 갇혀 있지 않다. 회의실에서 말로 디자인 컨셉을 설명하면 AI가 즉시 시제품 이미지를 그려주고 AR 글라스를 쓴 채 손짓으로 3차원 설계도를 조작하는 세상에서 일하게 될 것이다.

이러한 변화의 핵심은 인간과 AI 관계가 일방적인 명령 및 실행의 관계가 아니라 서로의 의도와 맥락을 이해하며 함께 문제를 해결하는 유연하고 적응적인 파트너십 관계로 발전하는 것이다. 멀티모달 AI는 컴퓨터가 우리의 주변 상황을 더 깊이 이해하게 함으로써 도구를 넘어 진정한 의미의 협업 파트너가 될 수 있는 가능성을 열었다.

트렌드 3. 하이브리드 AI의 부상

클라우드 만능주의의 종언

2020년대 초반, AI의 미래는 클라우드와 동의어처럼 여겨졌다. 모든 데이터와 연산 능력을 아마존, 구글, 마이크로소프트 같은 거대 기술 기업의 퍼블릭 클라우드에 집중하는 것이 혁신으로 가는 유일하고 가장 빠른 길처럼 보였다. '클라우드 우선 Cloud-first'은 거의 모든 기업의 디지털 전환 전략에서 중요한 원칙이었다. 그러나 지금 그 믿음에 대한 재평가가 이루어지고 있다. 이제 기업들은 '클라우드로 갈 것인가?'라는 단순한 질문 대신, '어떤 데이터를, 어떤 AI 워크로드를, 어떤 이유로, 어디에 둘 것인가?'라는 훨씬 더 정교하고 전략적인 질문을 던진다.

이러한 변화의 배경에는 AI 워크로드의 폭발적인 증가가 낳은 경제적, 보안적, 규제적 압박이 자리 잡고 있다. 2025년 기업들의 월평균 AI 관련 지출은 전년 대비 36%나 급증할 것으로 예상되었고 이미 58%의 기업이 현재 클라우드 비용이 너무 높다고 인식하고 있다. '무한한 확장성'이라는 클라우드의 약속이 '무한한 비용'이라는 청구서로 돌아올 수 있다는 현실을 마주하게 된 것이다.

여기에 더해 IT 리더의 67%가 데이터 주권과 같은 규제 준수를 AI 도입의 가장 큰 장애물로 꼽고 있다. 이 복잡한 도전 과제에 대한 현실적인 해답으로 '하이브리드 AI Hybrid AI'가 전면에 부상하고 있다. 하이브리드 AI는 기업이 직접 통제하는 사내 데이터센터, 즉 온프레미스 On-premise가 제공하는 강력한 통제력 및 보안과, 퍼블릭 클라우드가 제공하는 유연성 및 확장성을 전략적으로 결합하는 접근법이다. 이는 비용, 성능, 보안, 규제 준수라는 네 가지 목표를 모두 달성하기 위해 진화한 비즈니스 전략이다.

왜 지금 하이브리드 AI인가

클라우드 중심의 AI 전략이 하이브리드 모델로 전환하는 흐름은 세 가지 거대한 동인에 의해 가속화된다.

첫째 동인은 경제적 현실주의다. AI, 특히 생성형 AI 모델을 훈련하고 운영하는 추론 과정은 막대한 컴퓨팅 자원을 소모하며 기존의 클라우드 비용 모델을 근본적으로 바꾸고 있다. 연중무휴 24시간 가동되어야 하는 AI 서비스의 경우 클라우드의 '사용한 만큼 지불하는' 모델은 오히려 그 의미가 무색하게 '영원히 임대료를 내는' 모델이 되어버린다. 이는 장기적으로 볼 때 하드웨어를 직접 소유하는 것보다 훨씬 높은 비용을 내야 한다. 따라서 기업들은 이제 안정적이고 지속적인 AI 워크로드는 예측 가능한 비용으로 운영할 수 있는 온프레미스에 배치하고 갑작스러운 수요 급증이나 대규모 모델 훈련처럼 유연성이 필요한 작업은 클라우드에서 처리하는 방식으로 TCO를 최적화하려 한다.

둘째 동인은 데이터 주권과 규제의 벽이다. 데이터는 더 이상 국경 없이 자유롭게 흐르는 자원이 아니다. 유럽연합EU의 일반정보보호규정 General Data Protection Regulation·GDPR을 필두로 전 세계적으로 데이터 주권 법안이 강화되면서 특정 데이터는 반드시 해당 국가나 지역의 물리적 경계 내에 저장하고 처리하여야 한다는 요구가 거세지고 있다. 하이브리드 아키텍처는 이 높아지는 규제의 벽을 넘을 수 있는 현실적인 해결책이다. 개인 식별 정보나 국가 안보와 관련된 민감 데이터, 그리고 이를 학습한 AI 모델은 온프레미스 데이터센터에 안전하게 보관해 데이터 주권 요구사항을 충족시킨다. 또한 익명화된 데이터를 활용한 대규모 모델 훈련이나 글로벌 서비스처럼 확장성이 필요한 작업은 퍼블릭 클라우드의 방대한 자원을 활용하는 유연성을 확보할 수 있다.

셋째 동인은 보안과 통제의 재확립이다. 기업이 수십 년간 축적해온 독점적인 고객 데이터와 이를 기반으로 훈련시킨

맞춤형 AI 모델은 이제 공장 설비나 특허 기술보다 더 중요한 핵심 지적 자산 IP이다. 이러한 왕관의 보석을 여러 기업이 자원을 공유하는 퍼블릭 클라우드에 두는 것은 데이터 유출, 모델 도난 등의 우려를 낳는다. 기업의 가장 핵심 경쟁력인 독점 데이터와 AI 모델을 온프레미스에 보관함으로써 기업은 외부 유출 위험 없이 안전한 환경에서 실험하고 모델을 미세 조정할 수 있다. 즉 온프레미스 환경은 퍼블릭 클라우드가 따라할 수 없는 완벽하게 통제된 혁신 샌드박스 역할을 수행하는 것이다.

하이브리드 AI는 비즈니스 전략이다

비즈니스 리더의 관점에서 하이브리드 AI는 가장 적합한 장소에 가장 적합한 일을 맡기는 자원 배분 전략이다. 여기에는 몇 가지 주요 시나리오가 있다.

클라우드 버스팅 Cloud bursting 시나리오는 평상시에는 온프레미스에서 안정적으로 AI 시스템을 운영하다가 연말 쇼핑 시즌처럼 수요가 폭발적으로 증가할 때 온프레미스의 처리 용량을 넘어서는 트래픽을 퍼블릭 클라우드로 일시적으로 확장해 처리하는 방식이다.

데이터 및 모델 분리 시나리오는 규제 준수가 핵심인 금융이나 의료 산업에서 주로 사용하는 방식이다. 고객의 민감한 원본 데이터는 온프레미스에 안전하게 보관하고, 개인을 식별할 수 없도록 익명화 처리한 후에만 클라우드로 전송해 대규모 AI 모델을 훈련시킨다.

마지막으로 엣지-코어-클라우드 연계 edge-core-Cloud continuum 시나리오는 스마트 팩토리의 불량품 검사처럼 0.1초의 지연도 허용되지 않는 경우에 사용한다. 데이터가 발생하는 현장, 즉 엣지에서 1차적인 AI 연산을 즉시 수행하고 더 복잡한 분석이 필요한 것들만 기업의 중앙 데이터센터인 코어(온프레미스)로, 장기적인 빅데이터 처리는 클라우드에서 수행하는 다층적 구조다.

AI 시대의 인프라 전략은 더 이상 '서버를 소유할 것인가, 빌려 쓸 것인가?'의 이분법적 선택이 아니다. 조직의 가장 중요한 자산인 데이터와 AI 모델을 '어디에 위치시킬 것인가?'를 결정하는 정교한 포트폴리오 관리와 같다. 데이터를 위한 최적의 집을 찾는 것이다. 어떤 자산은 최고의 보안과 통제가 보장되는 개인 주택(온프레미스)에, 다른 자산은 유연하게 접근할 수 있는 서비스형 레지던스(퍼블릭 클라우드)에 두는 것이 현명하다. 하이브리드 AI는 바로 최적의 균형점을 찾아가는 과정이며 불확실한 AI 시대에 기업이 유연성, 통제력 그리고 경제성을 모두 확보할 수 있는 현실적 생존 전략이다.

트렌드 4. 초개인화 AI의 고도화

'나'를 예측하는 AI

우리는 이미 개인화에 익숙한 세상에 살고 있다. 이커머스 사이트는 내 이름을 부르며 인사를 건네고 과거 구매 상품을 기억해 비슷한 스타일의 다른 상품을 추천해준다. 하지만 이제 AI가 이끄는 초개인화는 이보다 한 차원 더 깊은 수준으로 진입한다. AI는 단순히 과거의 행동, 즉 '내가 무엇을 했는가?'를 분석하는 차원을 넘어 실시간으로 수집되는 방대한 데이터와 주변 맥락을 종합적으로 이해하고 나의 다음 행동과 아직 표현되지 않은 숨은 의도, 즉 '내가 무엇을 원하게 될 것인가?'를 예측하게 된다.

이제 AI는 우리가 웹사이트의 특정 이미지 위에서 마우스를 얼마나 오래 머물렀는지, 비 오는 날에는 어떤 장르의 음악을 듣는지 등을 종합적으로 분석한다. 그리고 이를 바탕으로 우리가 미처 필요성을 깨닫기도 전에 "오늘 저녁 비가 올 예정이니 자주 지나치시는 편의점에서 우산을 미리 챙기세요", "오늘 이 음악을 퇴근길에 들어보세요"와 같은 제안을 건넨다. 이 모든 것을 가능하게 하는 엔진이 바로 생성형 AI를 필두로 한 초개인화 AI 기술이다. AI는 고객 한 명, 한 명을 위한 고유하고 역동적인 여정을 실시간으로 창조하는 수준에 이르는 것이다.

초개인화는 고객에게 좋은 경험을 제공하는 것으로 시작해 기업의 매출과 수익성에 직접적인 영향을 미치는 강력한 재무적 성과로 이어진다. 성공적인 개인화 전략은 매출을 5%에서 15%까지 증대시키고 마케팅 ROI를 10%에서 30%까지 향상시키는 효과가 있다.[7] 이는 고객이 자신을 제대로 알아주는 브랜드에 대해 더 높은 신뢰를 보내고 기꺼이 지갑을 열며 장기적인 충성 고객이 될 가능성이 높기 때문이다.

"소름 끼친다"

초개인화가 제공하는 강력한 힘은 전적으로 데이터를 기반으로 한다. 그러나 바로 이 지점에서 기술이 약속하는 편리함과 인간이 느끼는 불안감이 충돌하는 프라이버시 역설 privacy paradox이 발생한다.

소비자들은 모순된 욕구 사이에서 갈등한다. 최근 연구들은 소비자 대다수가 개인화된 경험을 원하면서도 동시에 자신의 데이터 사용에 대해 깊은 우려를 표현한다는 것을 일관되게 보여준다. 이러한 양가적 태도는 프라이버시 역설이라는 용어로 학계에서 활발히 논의되고 있다.

특히 리타겟팅 retargeting 광고에 대한 반응은 이러한 역설을 극명하게 보여준다. 특정 웹사이트를 방문한 직후부터 다른 웹사이트에 해당 상품 광고가 따라다니는 경험에 대해 소비자들이 "소름 끼친다(creepy)"고까지 느끼는 현실은 유용한 정보 제공과 불쾌한 감시 사이의 경계가 얼마나 얇은지를 명확히 보여준다.

이 역설은 기업이 해결해야 할 중요한 과제다. 고객의 신뢰를 얻지 못하는 초개인화는 정교한 스팸에 불과하며 결국 브랜드에 대한 반감만 키울 것이다. 프라이버시 보호를 단순한 규제 준수 비용이 아닌 고객 경험의 핵심 기능으로 여기고 설계하는 기업이 경쟁 우위를 확보하게 된다. 결국 프라이버시와 신뢰에 대한 투자는 비용이 아니라 더 깊은 고객 관계와 지속 가능한 개인화 엔진을 구축하는 가장 확실한 전략적 투자다.

프라이버시 역설 해결 전략

고객의 신뢰를 얻고 프라이버시 역설을 성공적으로 해결하기 위해 기업은 다음과 같은 네 가지 전략을 적극적으로 도입해야 한다.

첫째, 급진적 투명성과 통제권 부여다. 고객의 데이터를 몰래 사용하는 대신 어떤 데이터를 어떤 목적으로 수집하는지 명확하고 이해하기 쉽게 설명해야 한다. 더 나아가 고객이 언제든지 자신의 데이터 설정을 손쉽게 수정하거나 삭제할 수 있는 '프라이버시 대시보드'와 같은 기능을 제공해야 한다.

둘째, 데이터 최소화 원칙을 지켜야 한다. 언젠가 쓸모 있을지 모른다는 생각으로 모든 데이터를 수집하는 관행을 멈추고 특정 경험 제공에 반드시 필요한 최소한의 데이터만 수집하며 목적을 달성하면 안전하게 파기하거나 비식별화하는 원칙을 적용해야 한다.

셋째, 제로파티 데이터 zero-party data를 적극적으로 활용해야 한다. 고객의 행동을 몰래 추적하는 대신 흥미로운 퀴즈나 설문조사를 통해 고객이 자발적으로 자신의 선호도와 의도를 제공하도록 유도해야 한다. 고객이 직접 제공한 데이터는 프라이버시 문제에서 가장 자유로우며 가장 정확한 개인화의 기반이 된다.

마지막으로 프라이버시 강화 기술 privacy-enhancing technologies·PETs을 도입해야 한다. 개인의 데이터를 중앙 서버로 보내지 않고 각자의 기기 내에서 AI 모델을 학습시키는 연합 학습 federated learning과 같은 기술을 통해 프라이버시 문제를 근본적으로 해결하려는 시도도 중요하다.

초개인화는 더 정교한 알고리즘을 개발하는 기술적 과제

이기보다 고객과의 신뢰 관계를 구축하는 관계적 과제다. 초개 인화는 기업이 고객의 데이터를 일방적으로 활용하는 행위가 아니다. 기업이 먼저 투명하게 손을 내밀고 고객이 그 손을 신뢰하며 자신의 데이터를 기꺼이 위임하는 '디지털 악수'다. 이 신뢰의 악수를 성공적으로 이끌어내는 기업만이 기술이 아닌 관계로 고객의 마음을 얻고 초개인화 시대의 진정한 승자가 될 것이다.

트렌드 5. AI 거버넌스의 필수화

빠른 혁신에서 책임 있는 혁신으로

AI 개발의 초기 단계는 미개척지를 탐험하는 시대와 같아 더 빠르고 더 정확한 모델을 만드는 것이 유일한 미덕이었고 윤리, 공정성, 투명성과 같은 가치는 종종 기술적 진보의 속도에 밀려 후순위로 취급되었다. 그러나 우리는 지금 그러한 시대의 종언을 목격하고 있다. AI가 채용 심사, 대출 승인, 의료 진단 등 인간의 삶에 중대한 영향을 미치는 영역으로 깊숙이 들어오면서 일단 만들고 나중에 생각하자는 식의 접근은 더 이상 용납되지 않는다. AI 거버넌스는 이제 선택 사항이 아닌 비즈니스의 지속 가능성을 위한 필수 조건이 되었다.

AI에 대한 신뢰는 더 이상 추상적인 가치가 아니다. 직접적인 비즈니스 성과로 이어지는 가치다. 모델옵 ModelOp의 연구에 따르면 신뢰할 수 있는 AI를 구축한 기업들이 그렇지 않은 기업들보다 400% 이상 더 나은 성과를 달성한다고 나타났다.[8] IBM이 발표한 연구에서도 '책임 있는 AI'와 오픈소스 도구를 활용한 기업의 51%가 긍정적인 ROI를 달성한 반면 그렇지 않은 기업은 41%에 그쳤다.[9] 이는 신뢰 자체가 강력한 시장 경쟁 우위이자 측정 가능한 재무적 가치로 전환되고 있음을 의미한다.

AI 거버넌스 프레임워크

AI 거버넌스는 체계적인 프레임워크를 통해 조직의 문화와 프로세스에 내재화되어야 한다. 현재 글로벌 표준으로 자리 잡은 두 가지 핵심 프레임워크는 신뢰할 수 있는 지침을 제공한다.

하나는 가트너가 제시한 AI TRiSM이다. AI TRiSM은 AI 모델의 신뢰성, 공정성, 보안, 개인정보 보호를 보장하기 위한 통합적인 관리 체계로, 특히 설명 가능성, 모델 운영, AI 애플리케이션 보안, 프라이버시라는 네 가지 핵심 기둥을 통해 신뢰를 구축하는 데 중점을 둔다.

구분	가트너 AI TRiSM	NIST AI RMF
핵심 초점	AI 모델의 운영적 신뢰성 및 효과성 확보	조직 전반의 AI 관련 리스크 식별 및 관리
주요 구성 요소	• 설명 가능성 • 모델 운영 • AI 애플리케이션 보안 • 프라이버시	• 거버넌스 • 매핑 • 측정 • 관리
주요 적용 대상	AI 모델을 개발하고 배포하는 기술 및 데이터 팀	AI 전략을 수립하고 감독하는 전사적 리더십 및 리스크 관리 팀
목표	AI 프로젝트의 성공률과 비즈니스 가치 증대	AI 도입으로 인한 법적, 재무적, 평판 리스크 최소화

다른 하나는 미국 국립표준기술연구소 NIST의 AI 위험관리 프레임워크 AI RMF다. NIST가 개발한 이 프레임워크는 AI 시스템과 관련된 위험을 식별, 평가, 관리하기 위한 가이드라인으로, 사실상 글로벌 표준으로 기능하고 있다.[10] 이 프레임워크는 거버넌스, 매핑 mapping, 측정, 관리라는 네 가지 핵심 기능으로 구성되어 조직이 AI 위험을 체계적으로 이해하고 대응할 수 있는 반복 가능한 프로세스를 제공한다.

설명 가능한 AI

AI 거버넌스의 수많은 원칙들을 기술적으로 구현하는 핵심 기반이 바로 '설명 가능한 AI XAI'다. 예를 들어 AI가 왜 특정 대출 신청을 거절했는지를 인간이 이해할 수 있는 언어로 설명할 수 없다면 우리는 그 결정을 신뢰할 수도 책임질 수도 없다. XAI는 이처럼 AI의 의사결정 과정이 블랙박스와 같다는 문제를 해결하고 그 내부의 작동 원리와 판단 근거를 투명하게 보여주는 모든 기술과 방법론을 총칭한다.

XAI는 명확한 비즈니스 가치를 창출하는 전략적 도구다. AI 모델이 특정 인종이나 성별에 대해 편향된 결정을 내리는 경향을 사전에 감지하고 수정해 리스크를 완화하고 AI 추천에 대한 명확한 설명을 제공해 사용자 채택을 가속화하며 AI 모델의 오류 원인을 신속하게 찾아내 운영 효율성을 증대시킨다.

유럽연합 AI법이 우리에게 미치는 영향

2025년부터 단계적으로 발효된 EU의 AI법 AI Act은 단순한 지역 규제를 넘어 전 세계 AI 산업의 규칙을 재정의하는 전환점이다.[11] 과거 EU가 일반정보보호규정을 통해 전 세계 데이터 프라이버시 기준을 상향 평준화시켰던 것처럼 AI법 또한 브뤼셀 효과 Brussels Effect(다국적 기업들이 EU의 규제를 자사의 글로벌 표준으로 채택하는 현상)를 통해 글로벌 표준으로 자리 잡을 가능성이 매우 높다.

이 법의 가장 강력한 특징은 EU 내에 물리적 사업장이 없는 해외 기업이라도 해당 기업이 개발한 AI 시스템의 결과물이 EU 시장 내에서 사용되기만 하면 법의 적용을 받는다는 매우 광범위한 역외 적용 조항이다. 이는 사실상 글로벌 시장을 대상으로 하는 모든 AI 기업이 이 법의 영향권 아래에 놓이게 됨을 시사한다.

AI법의 핵심 철학은 기술 자체의 규제가 아닌 기술이 사회에 미치는 위험 관리에 있다. 이를 위해 AI 시스템이 사회와 개인에게 미칠 수 있는 잠재적 위험 수준을 수용 불가 unacceptable, 고위험 high-risk, 제한된 위험 limited risk, 최소 위험 minimal risk의 4단계로 분류하고, 각 등급에 따라 차등적인 규제를 적용하는 '위험 기반 접근법'을 채택했다. 예를 들어 사회적 점수화나 직장 내 감정 인식 시스템처럼 인간의 기본권을 심각하게 침해할 수 있는 AI는 수용 불가로 분류해 2025년 2월부터 사용이 전면 금지됐다.

가장 주목해야 할 부분은 고위험 AI 시스템에 대한 규제다. 개인의 삶에 중대한 영향을 미칠 수 있는 채용, 신용 평가, 교육 기회 제공, 법 집행, 핵심 인프라 관리 등에 사용되는 AI 시스템이 여기에 해당한다. 이들 시스템은 시장에 출시되기 전 마치 의약품이 임상시험을 거치듯 매우 엄격하고 체계적인 의무사항을 준수해야 한다. 여기에는 잠재적 위험을 식별하고 완

화하기 위한 '위험 관리 시스템 구축', 데이터의 품질과 편향
성을 관리하는 '데이터 거버넌스', 시스템의 작동 방식을 상세
히 기록한 '기술 문서화', AI가 생성한 결과물임을 사용자가 인
지할 수 있도록 하는 '투명성 확보 의무' 그리고 언제나 인간이
AI의 결정을 감독하고 개입할 수 있도록 하는 '인간 감독 보장'
등이 포함된다. 이는 기업의 AI 개발 및 운영 프로세스에 상당
한 수준의 법률 및 컴플라이언스 부담을 추가하며 AI 도입 전
략이 이제는 법무팀과의 긴밀한 협력 없이는 불가능한 시대가
되었음을 의미한다.

AI 시대에서는 한 치의 오차도 없어야 한다는
결정론적 전략은 오히려 실패한다.
확률론적 사고로 전환해 변화하는 환경에 최적의
전략을 세워야 한다. 과거의 성공 방식과 용기 있게
이별하는 리더만이 조직을 변화로 이끈다.
AX는 기술 문제라고 생각하지만 결국은 경영 문제다.
어떻게 조직을 운영하고 인재를 육성하는지,
새로운 리더십 철학을 바탕으로 구체적인 행동
계획을 짜야 한다.

（5장）

AX 리더십 및 조직 설계

지금까지 꽤 긴 여정을 함께했다. 1장에서는 수많은 기업이 왜 AX라는 새로운 시대의 문턱에서 좌절하는지, 그 실패를 뼈아프게 들여다보았다. 2장과 3장에서는 무덤 속에 파묻히지 않기 위해 성공으로 나아가기 위한 구체적인 실행 지침서인 AX 플레이북과 다양한 실행 도구들을 손에 쥐었다. 4장에서는 한 발 더 나아가 AI 기술의 미래 트렌드를 조망하며 눈앞의 파도 뒤에 다가올 거대한 해일에 대비하는 법을 논의했다.

이제 이 모든 지식과 도구를 하나로 꿰어낼 마지막 퍼즐 조각을 맞출 시간이다. 지금까지의 논의가 AI라는 강력한 엔진을 어떻게 설계하고 제작하며 조직이라는 자동차에 설치하는지에 관한 이야기였다면 마지막 장은 그 엔진이 멈추지 않고 스스로 개선하며 영원히 가치를 창출하는 살아 있는 운영 시스템으로 만드는 방법에 관한 이야기다.

많은 리더가 AI를 도입할 때 저지르는 가장 흔하고도 치명적인 실수는 AI를 그저 또 하나의 IT 프로젝트로 간주하는 것이다. 프로젝트는 명확한 시작과 끝이 정해져 있지만 AX는 결승선이 없는 끝없는 여정이기 때문이다. 이는 마치 건강 챙김이 일주일간의 다이어트 프로젝트가 아니라 평생의 라이프 스타일이 되어야 하는 것과 같다.

과거의 기업들은 AI 모델을 대량 생산하는 AI 팩토리를 짓는 데 모든 역량을 집중했다. 이는 최첨단 자동차 엔진을 만드는 거대한 공장을 짓는 것과 같지만 엔진 그 자체만으로는 아무런 가치가 없다. 엔진은 자동차에 장착되어 도로 위를 달려야 비로소 그 의미가 생긴다. 하지만 우리가 진정으로 지향해야 할 목표는 단순히 좋은 자동차를 많이 파는 것을 넘어선다. 궁극적인 가치는 도시 전체의 교통 흐름을 최적화하고 물류 시스템을 혁신하며 사람들의 이동 경험 자체를 완전히 바꾸는 데서 나온다.

우리가 지향해야 할 궁극적 목표는 단지 AI 모델을 찍어내는 AI 팩토리가 아니다. 조직의 모든 혈관에 AI 적용 문화가 흐르고 데이터라는 신선한 산소를 공급받으며 인간의 창의성과 결합해 끊임없이 새로운 가치를 창출해내는, 말하자면 가치로 무성한 열대우림을 가꾸는 것이다. 열대우림은 누군가 매일 물을 주고 가지를 쳐주지 않아도 스스로 성장하고 진화하며 수많은 생명이 서로 공존하며 번성하는 풍요로운 생태계다.

이 장의 목표는 조직의 리더에게 조직을 자생적인 가치 창출 시스템으로 만들기 위한 구체적인 청사진과 행동 지침을 제공하는 것이다. 이는 AI가 조직의 문화와 DNA에 깊이 뿌리내려 끊임없이 학습하고 진화하는 살아 있는 시스템으로 만드는 길이다.

대다수의 AI 프로젝트가 기대했던 성과를 내지 못하고 조용히 사라진다. 이 처참한 실패의 근본 원인은 기술 부족이 아니라 멋지게 성공시킨 파일럿 프로젝트, 그 반짝이는 점을 조직 전체의 운영 시스템이라는 지속 가능한 선과 면으로 연결하고 확장하는 데 실패하기 때문이다. 따라서 이 장에서 제시하는 리더십, 조직 구조, 인재 전략은 일시적 경영 기법이나 트렌드가 아니라 AI 시대 가장 고질적인 실패 원인에 대한 직접적인 처방전이자 불확실성 시대를 항해하는 리더를 위한 생존 가이드다. 이제 어설픈 흉내만 내는 조직이 아닌 뼛속까지 진정한 AI 네이티브로 탈바꿈할 마지막 여정을 시작한다.

새로운 리더십

결정론적 지휘관에서 확률론적 코치로

"이번 분기 AI 프로젝트의 ROI를 정확히 예측해서 보고하세요. 계획 대비 1%의 오차도 없어야 합니다."

과거의 리더십에 익숙한 한 임원이 AI팀에 이렇게 요구했다고 해보자. 그 순간 팀의 혁신과 도전 정신은 싸늘하게 식어버릴 것이다.

AI 시대는 리더에게 근본적인 패러다임의 전환을 요구한다. 과거의 리더십이 한 음의 오차도 없이 잘 짜인 악보에 따라 오케스트라를 지휘하는 결정론적 지휘관의 모습이었다면 AI 시대의 리더는 예측 불가능한 경기 상황에 맞춰 선수 개개인의 잠재력을 최대한 끌어내고 승리의 확률을 높이는 전략을 짜는 확률론적 코치가 되어야 한다.

이 둘의 차이는 그들이 다루는 기술의 본질적 차이에서 비롯된다. 우리가 흔히 사용하던 전통적 소프트웨어나 IT 시스템은 결정론적으로 작동한다. 정해진 규칙과 로직에 따라 움직이며 동일한 입력 값에 대해서는 언제나 100% 동일한 결과 값을 내놓는다. 이러한 환경에서 리더의 역할은 오차를 최소화하고 수립된 계획을 한 치의 오차 없이 정확하게 실행하는 것이었다. 상세한 계획을 세우고 정해진 절차를 철저히 통제하며 예상치 못한 변수를 제거하는 것이 최고의 미덕이었다.

하지만 AI, 특히 우리 시대를 뒤흔들고 있는 생성형 AI는 본질적으로 확률론적으로 작동한다. AI는 인간이 정해준 규칙이 아닌 방대한 데이터 속에서 스스로 발견한 패턴과 확률을 기반으로 가장 '그럴듯한' 결과를 생성해낸다. 같은 질문이나 명령을 하더라도 미묘하게 다른, 그러나 각각이 타당하고 창의적인 결과물을 내놓을 수 있다. 이는 마치 잘 짜인 클래식 악보가 아닌 기본적인 코드 흐름 안에서 무한한 즉흥 연주가 펼쳐지는 재즈 무대와 같다.

이러한 불확실성과 예측 불가능성은 결정론적 관리 방식에 익숙한 리더에게는 극심한 혼란과 불안의 원천이다. 계획대로 통제할 수 없는 시스템 앞에서 과거의 성공 방식은 더 이상 통하지 않으며 확률론적 AI 기술을 결정론적 리더십으로 관리하려는 시도는 자유로운 재즈 연주자에게 베토벤의 악보를 들이밀며 그대로 연주하라고 강요하는 꼴이다. 결과는 끔찍한 불협화음과 깊은 좌절로 이어질 뿐이다. 따라서 성공적인 AX 리더가 되기 위해서는 과거의 성공 공식과 그만 이별하고 몇 가지 역할 변화를 반드시 이뤄내야 한다.

실험 문화가 만드는 차이

확률론적 리더십이 실제 성과로 이어지는지에 대한 답은 이미 여러 연구를 통해 나와 있다. 구글의 '아리스토텔레스 프로젝트'는 180개 팀을 2년간 추적 조사한 결과, 팀 성과를 결정짓는 가장 중요한 요소가 심리적 안정감임을 발견했다.[1] 심리적 안정감이 높은 팀은 10배나 더 많은 특허를 획득했고 핵심 인재의 이직률은 현저히 낮았으며 이는 수백만 달러의 비용 절감으로 이어졌다. 팀원들이 실패를 두려워하지 않고 새로운 아이디어를 시도할 수 있는 환경에서는 혁신이 일어난다.

여러 프로젝트를 수행하면서 내가 목격한 패턴도 이와 정확히 일치한다. '실패 허용 불가'를 목표로 AI 프로젝트를 관리하는 조직들은 대부분 검증된 기술만 적용하려다 시장 변화를 따라잡지 못했다. 반면 '개념 증명 단위 빠른 실험'을 장려하는 조직들은 초기 실패율이 높았지만 그 과정에서 축적된 학습이 결국 더 큰 성공으로 이어졌다.

맥킨지의 연구에 따르면 AI를 성공적으로 확장한 기업들의 공통점은 "작은 실험을 많이 하고 성공한 것만 빠르게 확장"하는 포트폴리오 접근법을 사용한다. 이들은 성공한 프로젝트 하나가 파일럿 투자를 회수하고도 남는 구조를 만든다.

실패를 포용하는 환경으로 조직을 바꾸기 위해서는 첫

째, 리더가 '답을 아는 사람'에서 '올바른 질문을 하는 사람'으로 바뀌어야 한다. 결정론의 세계에서 리더는 풍부한 경험과 지식을 바탕으로 정답을 제시하는 사람이었지만 그 누구도 미래를 정확히 예측할 수 없는 확률의 세계에서는 절대적인 정답이 더 이상 존재하지 않는다. 오직 더 나은 가설과 더 높은 확률만이 존재할 뿐이다. 따라서 리더의 역할은 정답을 알려주는 해결사가 아니라 조직이 나아가야 할 방향에 대해 가장 중요하고 핵심적인 질문을 던지고 그 질문에 대한 답을 찾아가는 실험의 여정을 이끄는 탐험가로 바뀐다.

이제 리더는 '우리 회사의 완벽한 AI 전략은 무엇이 되어야 하는가?'와 같이 거대하고 모호한 질문으로 팀을 압박하는 대신 '우리 VIP 고객들에게 초개인화된 추천 서비스를 제공하면 이탈률을 5% 낮출 수 있을까?'와 같이 구체적으로 검증 가능한 가설을 설정해야 한다. 그리고 이 가설을 증명하기 위해 가장 작고 가장 빠르며 가장 효율적인 실험을 설계하도록 팀을 독려하고 지원해야 한다. 처음부터 수십억 원을 들여 완벽하고 거대한 시스템을 구축하는 대신 빠른 프로토타입과 실험을 통해 배우고 실패를 통해 더 나은 질문과 가설을 찾아내는 문화를 조성하는 것이 새로운 리더의 가장 중요한 핵심 역량이다.

한 유통 기업의 임원 A는 최근 급증하는 고객 문의를 해결하기 위해 생성형 AI 챗봇 도입을 고민하고 있었다. 과거의 리더십 스타일에 익숙했다면 대규모 프로젝트를 지시했겠지만 그는 'AI 챗봇이 가장 빈번하게 들어오는 고객 문의 상위 10개 중 절반만이라도 자동으로 해결해준다면 우리 상담사들의 번 아웃을 줄이고 업무 만족도를 의미 있게 높일 수 있을까?'라는 구체적인 질문을 던졌다. 그는 이 가설을 검증하기 위해 단 몇 주 만에 최소 기능만을 갖춘 챗봇 프로토타입을 만들어 소규모 테스트를 진행했고 결과는 놀라웠다. 챗봇이 단순 문의를 효과 적으로 처리하면서 상담사들의 만족도가 크게 향상된 것이다. A는 이 작은 성공과 구체적인 학습을 바탕으로 명확한 방향을 잡고 점진적으로 챗봇의 기능을 확장해 나갔다. 그는 정답을 아는 사람이 아니다. 대신 올바른 질문을 통해 조직 전체를 학 습시키고 성장시키는 사람이다.

둘째, 리더는 '프로젝트 관리자'에서 '포트폴리오 전략가' 로 변모해야 한다. 하나의 정답이 없다는 것은 하나의 거대한 프로젝트에 조직의 운명을 거는 올인 전략이 극도로 위험하다 는 의미이기도 하다. 따라서 리더는 하나의 거대 프로젝트를 빈틈없이 관리하는 역할이 아니라 여러 개의 가능성에 분산 투 자하고 성과에 따라 자원을 유연하게 재분배하는 포트폴리오 전략가가 되어야 한다. 이는 마치 실리콘밸리의 벤처 캐피털리스트 vc가 수십 개의 유망한 스타트업 포트폴리오에 투자하는 방식과 정확히 일치한다. VC는 투자한 모든 스타트업이 성공하리라 기대하지 않지만 그중 한두 기업이 대박을 터뜨려 나머지 모든 실패를 만회하고도 남을 엄청난 수익을 가져다줄 것을 안다.

이 전략이 전형적으로 '작게 시작해서 정교하게 확장하기(Small Start, Smart Scaling)'다. 리더는 다양한 사업 부문에서 여러 개의 작고 빠른 AI 실험이 동시다발적으로 일어날 수 있도록 예산과 자율성을 부여하고 그 성과를 면밀히 추적해야 한다. 성공 가능성이 희박해 보이는 프로젝트는 미련 없이 과감하게 중단시키고 초기 성공의 신호를 보이는 프로젝트에는 자원과 인력을 집중해 전사적으로 빠르게 확장하는 지능적인 자원 배분 능력을 갖춰야 한다.

마지막으로 가장 본질적인 역할 변화는 '통제하는 감독관'에서 '심리적 안정감을 주는 코치'가 되는 것이다. 실험과 포트폴리오 전략은 필연적으로 수많은 실패를 동반한다. 만약 조직의 문화가 실패를 색출하고 처벌하는 문화라면 직원들은 두려움 때문에 아무런 도전도 하지 않으려 하고 곧 그들의 혁신 정신은 질식해버리고 말 것이다. 따라서 확률론적 리더의 가장 중요한 역할은 팀원들이 실패에 대한 두려움 없이 마음껏 실험하고 도전할 수 있는 심리적 안정감을 조성하는 것이다.

심리적 안정감은 단순히 분위기 좋은 팀을 만드는 감성적인 구호가 아니라 AI 시대의 혁신을 위한 가장 단단하고 실질적인 기반 인프라다. 심리적으로 안전하다고 느끼는 직원들은 76%나 더 높은 업무 참여도를 보이고[2] 이러한 직원들이 모인 팀은 50% 더 많은 혁신적인 아이디어를 창출한다.[3]

리더는 실패를 가장 값진 학습의 기회로 명확하게 재정의하고 실패한 프로젝트를 진행한 팀을 문책하는 대신 그 과정에서 무엇을 배웠는지 전사적으로 공유하도록 장려해야 한다. "이번 실험을 통해 우리는 무엇을 배웠고 다음 실험은 어떻게 더 정교하게 설계할 수 있을까?"라고 질문해야 한다. 이러한 리더의 태도와 시스템이 뒷받침될 때 비로소 조직은 불확실성을 혁신의 기회로 받아들이는 진정한 확률론적 조직으로 거듭날 수 있다.

새로운 조직 구조

AI 엔진을 장착하기 위한 운영 모델

새로운 리더십이 AX라는 혁명의 정신이라면 새로운 조직 구조는 그 정신을 담아내는 몸이다. 아무리 깨어 있는 리더가 강력한 비전을 제시해도 조직 구조가 과거의 방식에 꽁꽁 묶여 있다면 AI라는 강력한 엔진은 공회전만 하다가 멈춰버릴 것이다. AI 엔진을 조직에 성공적으로 장착하고 그 힘으로 끊임없이 가치를 창출하기 위해서는 기업의 AI 성숙도에 따라 조직 구조 역시 역동적으로 진화해야 한다.

이 진화의 과정은 막 생겨난 도시의 전력망을 구축하는 과정에 비유해볼 수 있다. 처음에는 도시의 심장부에 하나의 거대한 중앙 발전소를 지어 도시 전체에 전력을 안정적으로 공급하는 것이 가장 효율적이다. 하지만 도시가 성장하고 각 지역의 전력 수요가 다양해지면 중앙 발전소만으로는 모든 요구를 감당하기 힘들어진다. 이때는 지역별로 필요에 신속하게 대응할 수 있는 소규모 발전소를 두는 것이 효과적일 수 있다. 궁극적으로 가장 안정적이고 효율적인 시스템은 중앙 관제탑이 전체 전력망을 지능적으로 관리하면서 각 지역의 발전소들이 유기적으로 연결되어 서로 전력을 주고받는 스마트 그리드, 즉 하이브리드 시스템이다. AI 조직 구조의 진화 역시 이와 똑같은 단계를 거친다.

AI 도입 초기에는 흔히 중앙전문센터 Center of Excellence· CoE 모델을 채택한다. 이 모델은 조직 내 흩어져 있는 AI 및 데이터 과학 전문가 대부분을 하나의 중앙 팀으로 모아 강력한 파워를 부여하는 구조로, CoE가 전사적인 AI 전략 수립, 기술 표준 정의, 데이터 거버넌스 확립, 초기 성공 사례 창출 등의 역할을 수행한다. 마치 도시의 첫 중앙 발전소처럼 이 구조의 큰 장점은 분산된 노력을 하나로 모아 소수 전문가 집단의 역량을 극대화하고 일관된 표준을 통해 중복 투자를 막으며 초기에 가시적인 성공을 만들어 전사적 공감대를 형성하기에 매우 유리하다는 점이다. 하지만 조직이 커지고 AI 수요가 늘어나면 모든 요청이 몰리는 CoE가 오히려 혁신 속도를 저해하는 병목 현상의 원인이 될 수 있다. 또한 중앙에만 있다 보니 현장의 구체적인 문제나 비즈니스 현장과 괴리되어 현실과 동떨어진 솔루션을 만들 위험도 있다. 따라서 이 모델은 이제 막 AI 도입을 시작하거나 전사적 표준과 기반 인프라를 먼저 다져야 하는 기업에 가장 적합하다.

그다음 단계로 고려할 수 있는 것은 분산형 모델이다. 이는 AI 전문가들을 CoE라는 한곳에 모아두는 대신 마케팅, 재무, 생산 등 각 사업 부서에 직접 배치하는 구조다. 전문가들은 각 부서에 소속되어 현장의 문제를 가장 가까운 곳에서 해결하게 된다. 현업의 비즈니스 요구에 매우 신속하고 민첩하게 대응할 수 있다는 것이 가장 큰 장점이며 전문가들이 해당 분야의 도메인 지식을 깊이 있게 습득해 실제 비즈니스 가치와 직결되는 '진짜 문제'를 해결할 가능성이 높아진다. 그러나 이 방식은 전사적인 시너지를 내기 거의 불가능하다는 치명적인 단점이 있다. 각 팀이 서로 다른 기술로 AI를 개발해 기술적 파편화와 지식의 고립을 유발할 수 있고 전문가들이 뿔뿔이 흩어져 있어 체계적인 인재 양성이나 대규모 프로젝트 수행이 어렵다. 이런 이유로 순수한 분산형 모델은 대부분의 경우 과도기적 단계에 머무르거나 피해야 할 구조로 여겨진다.

가장 성숙하고 이상적인 모델은 이 둘의 장점을 결합한 '허브앤스포크 hub-and-spoke', 즉 하이브리드형 구조다. 중앙의 허브 역할을 하는 CoE가 전사 AI 플랫폼, 거버넌스, 핵심 기술 R&D, 인재 양성 등 공통의 기반과 가이드라인을 제공하고 각 사업 부서에 배치된 스포크 팀들이 이 허브의 지원을 받아 각자의 영역에서 자율적으로 비즈니스 혁신을 주도한다. 이는 중앙 관제탑과 지역 발전소가 유기적으로 연결된 지능형 전력망과 같다. 이 모델의 강점은 전사적인 표준과 효율성을 유지하면서 현장의 민첩성과 비즈니스 문제 해결 능력을 확보할 수 있다는 것이다. 스포크 팀들의 성공 사례와 지식이 허브를 통해 조직 전체로 빠르게 공유되고 확산되어 혁신의 시너지가 폭발적으로 증가할 수 있다. 실제로 한 연구에 따르면 AI를 성공

[표 18] AI 조직 성숙도별 운영 모델 비교

구분	중앙전문센터형 (CoE)	분산형 (decentralized)	하이브리드형 (hub-and-spoke)
핵심 특징	• 모든 AI 전문가가 중앙 조직에 소속 • 표준화 및 거버넌스 주도	• AI 전문가가 각 사업 부서에 소속되어 현업에 밀착	• 중앙(hub)이 플랫폼/거버넌스 제공 • 현업(spoke)이 자율적 혁신 주도
장점	• 전문성 극대화 및 빠른 초기 성공 • 일관된 표준 및 거버넌스 • 효율적인 인재 관리	• 현업 요구에 대한 높은 민첩성 • 깊은 도메인 지식 확보 • 명확한 사업부 우선순위	• 중앙의 효율성과 현장의 민첩성 결합 • 전사적 혁신 및 확장성 • 지식 공유 및 시너지 창출
단점	• 현업 대응 속도 저하 (병목 현상) • 도메인 지식 부족 가능성 • 관료주의화 위험	• 기술 및 지식의 파편화 (사일로) • 중복 투자 및 표준 부재 • 전사 전략 부재 및 인재 관리 어려움	• 중앙과 현업 간 소통/협력 중요 • 역할과 책임 충돌 가능성 • 높은 운영 성숙도 요구
적합한 상황	AI 도입 초기, 기반 역량 구축 및 검증된 성공 사례 창출이 필요한 기업	사업부 간 독립성이 매우 높은 일부 과도기 단계의 기업	AI를 전사적으로 확장하고 비즈니스에 내재화하려는 성숙 단계의 기업

적으로 확장한 기업들은 평균적인 기업보다 하이브리드 모델을 채택할 확률이 3배나 더 높다고 한다.[4] 물론 허브와 스포크 간의 원활한 소통과 협력이 무엇보다 중요하며 역할과 책임이 명확하게 정의되지 않으면 오히려 비효율을 낳을 수 있어 높은 수준의 운영 성숙도를 요구하는 모델이다. 하지만 AI 활용이 일정 수준 이상으로 성숙해 전사적으로 혁신을 가속화하려는 기업에게는 가장 적합하며 현재 AI를 선도하는 기업 대부분은 결국 하이브리드 모델로 수렴하는 경향을 보인다.

최고 AI 책임자의 역할과 필요성

정교하고 복잡한 하이브리드 모델이라는 최고의 오케스트라 연주를 하기 위해서는 모든 악기의 조화를 이끌어내고 음악 전체를 해석할 뛰어난 지휘자가 반드시 필요하다. AI 시대의 조직에서 바로 그 지휘자 역할을 하는 사람이 최고 AI 책임자 chief AI officer·CAIO다.

과거 AI가 일부 기술 부서의 실험적인 도구에 머물러 있을 때는 이런 역할이 필요 없었을지 모르지만 이제 AI가 전사적인 비즈니스의 핵심 동력으로 격상되면서 이를 총괄할 C레벨 리더십의 필요성이 폭발적으로 대두되었다. 실제로 지난 5년간 CAIO라는 직책의 수는 약 3배나 증가했으며[5] 미국 정부는 모든 연방 기관에 CAIO 임명을 의무화하는 행정명령을 내리기도 했다.[6]

CAIO는 기술을 총괄하는 CIO나 CTO와는 근본적으로 다른 역할을 수행한다. CIO가 IT 인프라의 안정적인 운영에, CTO가 제품의 기술 아키텍처 개발에 중점을 둔다면 CAIO의 핵심 임무는 오직 AI를 활용해 어떻게 비즈니스 가치를 창출하고 전사적 혁신을 조율할 것인가에 맞춰져 있다. CAIO는 모든 부서의 경계를 자유롭게 넘나들며 전사 전략을 수립하고 그 실행을 총괄하는 지휘자다. 그들의 주요 책임은 기업의 비즈니스 목표와 연결된 AI 비전 및 전략을 수립하는 것에서부터 시작해 데이터 편향성이나 개인정보 보호 등 AI 사용에 따르는 수많은 위험을 관리하고 '책임 있는 AI' 활용을 위한 원칙을 구축하는 거버넌스 확립, 그리고 기술팀과 현업 부서 사이의 장벽을 허물고 부서 간 협업을 촉진하는 역할까지 모두 아우른다.

결론적으로 CAIO는 조직이라는 오케스트라가 AI라는 새로운 악기로 아름다운 하모니를 만들어낼 수 있도록 이끄는 지휘자이며 성숙한 AI 네이티브 조직으로 나아가기 위한 필수 조건이라 할 수 있다.

새로운 인재 전략

AI 네이티브 인력을 확보하고 육성하는 법

한 회사가 거액을 들여 시장에서 가장 유능하다고 소문난 소위 'AI 록스타'라 불리는 임원을 영입했지만 1년 뒤 그는 아무런 성과도 내지 못한 채 회사를 떠났다. 기술적으론 최고였지만 회사의 비즈니스와 고객 그리고 동료들을 전혀 이해하지 못했기 때문이다. 지금 현실 어디에나 있을 법한 이야기다. AI 록

스타 이야기는 우리에게 중요한 교훈을 준다. 최고의 리더십과 조직 구조라는 멋진 무대를 갖추었다 하더라도 그 무대 위에서 AI를 다루고 활용할 사람이 없다면 모든 것은 공허한 계획에 그치고 만다. AI라는 강력한 엔진을 움직이는 진짜 연료는 바로 인재이기 때문이다. 따라서 지속 가능한 AX 시스템을 완성하기 위한 마지막 핵심 요소는 AI 네이티브 인력을 끊임없이 확보하고 육성하는 현대적인 인재 전략을 수립하는 것이다.

과거처럼 필요한 인력이 생기면 그때그때 채용 공고를 내는 방식만으로는 하루가 다르게 변화하는 AI 시대의 인재 수요를 도저히 감당할 수 없다. 이제 기업은 인재를 하나의 공급망으로 인식하고 필요에 따라 내부에서 직접 육성하고 외부에서 영입하거나 최고 수준의 파트너와 협업하는 다각적이고 전략적인 접근이 필요하다.

직접 육성하기

가장 중요하고 확실한 투자는 내부 직원을 직접 키우는 육성 전략이다. 이는 기존 조직의 직원들을 재교육하고 역량을 강화해 미래에 필요한 인재로 직접 키워내는 것이다. 단순히 몇 가지 온라인 교육 프로그램을 제공하는 것과는 차원이 다르다. 조직 전체를 하나의 거대한 학습 플랫폼으로 만드는 것을 의미한다. 이 전략이 가장 중요한 이유는 외부에서 우리 회사에 꼭 맞는 완벽한 인재를 영입하는 것이 매우 어렵고 비용도 많이 들기 때문이다. 어렵게 영입한 인재는 우리 회사의 복잡한 비즈니스와 문화에 대한 이해도가 낮아 적응하는 데 오랜 시간이 걸리지만 기존 직원들은 이미 회사의 비즈니스와 고객에 대한 깊은 이해, 즉 도메인 지식이라는 강력한 무기를 갖추고 있다. 이들에게 AI 기술이라는 최신 무기를 쥐여주는 것이 훨씬 빠르고 효과적일 수 있다.

실제로 육성 전략은 장기적으로 가장 높은 ROI를 보인다. 체계적인 교육 프로그램을 갖춘 기업은 그렇지 않은 기업보다 직원 1인당 수입이 무려 218%나 더 높다는 연구도 있다.[7] 직원의 94%가 회사가 자신의 성장에 투자한다면 회사에 더 오래 머물 것이라고 답한 조사도 있으며[8] 기존 직원을 육성하는 기업의 3분의 2는 1년 안에 그 투자 효과를 경험한다는 결과도 있다.[9] 직원을 새로 뽑아 교체하는 데 그 직원 연봉의 1.5배에서 2배에 달하는 비용이 드는 것을 감안하면 그 효과는 더욱 명확해진다.[10] 기술 리더 10명 중 8명은 내부 역량 강화가 기술 격차를 해소하는 가장 효과적인 방법이라는 데 동의한다.[11] 따라서 내부 육성은 단순히 비용 효율적인 인재 확보 전략을 넘어 직원들의 충성도와 만족도를 높여 조직 전체의 체력을 강화하는 최고의 방법이다.

영입하기

물론 변화를 촉발할 핵심 전문가를 확보하기 위한 영입 전략도 필요하다. 이는 조직 내부에 존재하지 않는 핵심적인 기술이나 리더십을 갖춘 외부 전문가를 영입하는 전략으로, 특히 조직의 AX 전체를 이끌 CAIO나 핵심 기술 아키텍트와 같이 변화의 구심점이 될 게임 체인저를 확보할 때 필수적이다. 외부 전문가는 완전히 새로운 시각과 선진 기술을 조직에 빠르게 수혈해 정체된 조직에 신선한 자극을 주는 변화의 촉매제 역할을 할 수 있다. 하지만 높은 연봉과 치열한 영입 경쟁을 감수해야 하며 무엇보다 중요한 것은 어렵게 영입한 인재가 기존 조직 문화에 성공적으로 안착하고 시너지를 낼 수 있도록 세심하게 지원하는 것이다. 외부에서 온 구원투수가 조직의 거부반응과 텃세로 인해 자신의 역량을 전혀 발휘하지 못하고 떠나는 경우가 비일비재하기 때문이다.

협업하기

마지막으로 모든 것을 직접 할 수 없을 때는 외부 역량을 빌려 쓰는 협업 전략을 활용해야 한다. 이는 특정 프로젝트나 기간

동안 필요한 전문성을 외부 파트너, 컨설턴트, 프리랜서 등을 통해 확보하는 유연하고 영리한 전략으로, 3장에서 다룬 AX 플러그인 파트너십 전략과도 맞닿아 있다.

모든 분야의 전문가를 직접 고용하는 부담 없이 필요할 때 최적의 전문성을 활용할 수 있으며 특히 변화가 극도로 빠른 기술 분야에서 특정 기술에 종속될 위험을 줄여주고 조직의 유연성을 극대화해준다. 다만 장기적으로는 직접 고용보다 더 많은 비용이 들 수 있고 핵심 기술이나 노하우가 조직 내부에 축적되지 않고 외부로 빠져나갈 위험이 있다. 따라서 외부 인력과의 협업 과정에서 데이터 보안이나 지적 재산권 문제가 발생하지 않도록 명확한 계약과 관리 체계를 갖추는 것이 매우 중요하다.

AI 오케스트레이터의 등장

이 세 가지 인재 전략을 성공적으로 실행하는 과정에서 우리는 거의 예외 없이 심각한 소통의 단절 문제에 부딪힌다. 한쪽에는 알고리즘과 모델의 언어로 말하는 기술 전문가들이 있고 다른 한쪽에는 손익과 고객의 언어로 말하는 현업 전문가들이 있다. 이 거대한 간극 때문에 기술적으로는 뛰어나지만 실제 비즈니스 문제를 해결하지 못하는 빛 좋은 개살구 같은 AI 솔루션이 끊임없이 만들어진다. 이 간극을 메우는 역할, 즉 서로 다른 세계의 언어를 통역하고 두 세계를 연결하는 다리가 바로 AI 오케스트레이터 **AI orchestrator**다.

이들은 비즈니스 현장의 복잡하고 모호한 문제를 데이터 과학자들이 해결할 수 있는 명확한 분석 과제로 번역하고 반대로 데이터 분석을 통해 나온 복잡한 기술적 결과를 현업 리더들이 이해하고 실행할 수 있는 비즈니스 통찰로 재번역하는 역할을 수행한다. 이 역할은 교향악단의 지휘자에 비유할 수 있다. 지휘자는 악기를 직접 연주하지는 않지만 모든 악기의 특성을 완벽하게 이해하고 이들이 조화롭게 어우러져 최고의 하모니를 만들어내도록 이끈다. 마찬가지로 AI 오케스트레이터는 직접 코딩을 하지는 않더라도 AI 기술로 무엇이 가능하고 불가능한지 이해하고 이를 비즈니스 문제에 창의적으로 접목해 최고의 가치를 창출하도록 전 과정을 지휘한다.

그렇다면 이 중요한 AI 오케스트레이터는 어떻게 양성해야 할까? 외부에서 영입하기보다는 내부에서 육성하는 것이 훨씬 효과적이다. AI 기술은 교육을 통해 가르칠 수 있지만 수년간의 경험을 통해 축적된 우리 회사의 비즈니스에 대한 깊은 이해와 조직 내 신뢰 관계는 단기간에 가르칠 수 없기 때문이다. 따라서 각 비즈니스 부서에서 비즈니스 감각이 뛰어나고

호기심이 많으며 소통 능력이 뛰어난 핵심 인재를 발굴해 이들
에게 체계적인 AI 기술 및 데이터 분석 교육을 제공하는 계발
체계를 운영하는 것이 가장 효과적인 양성 방안이다. 이들이
바로 조직의 하이브리드 구조를 살아 움직이게 하고 AX의 성
공을 좌우하는 진정한 심장이다.

리더를 위한 첫 90일 행동 계획

지금까지 AI 네이티브 조직으로 거듭나기 위한 리더십, 조직
구조, 인재 전략의 청사진에 대해 논의했다. 하지만 아무리 훌
륭한 전략도 실행되지 않으면 아무 의미 없다. 지금 바로 시작
해야 한다. 먼저 이 책을 덮고 치열한 현실로 돌아갔을 때 리더
로서 즉시 시작할 수 있는 첫걸음, 구체적인 행동 계획이 필요
하다. 이 장의 마지막은 조직에서 AX의 작은 첫 불씨를 지피
고 그 불씨가 꺼지지 않는 혁신의 엔진으로 타오르게 할 90일
행동 계획을 제시한다. 앞서 논의했던 새로운 리더십 철학과
문화를 조직에 심는 과정이다.

기반 다지기 및 방향성 설정(1~30일)

첫 달의 목표는 서둘러 기술을 도입하는 것이 아니라 변화를 위한 리더십 기반을 단단히 다지고 조직 전체의 에너지를 한곳으로 모으는 것이다. 모든 변화는 리더 자신에게서 시작되므로 먼저 리더가 시간을 내어 결정론적 시스템과 확률론적 시스템의 차이를 깊이 이해하고 직접 생성형 AI 도구들을 사용해보며 직관을 키우는 개인적 몰입이 필요하다. AI에게 바보 같은 질문도 던져보고 어려운 보고서 요약도 시켜보면서 그 가능성과 한계를 직접 느껴봐야 한다. 리더가 직접 경험하고 변화를 보여줄 때 그 어떤 화려한 메시지보다 강력한 설득력을 갖게 된다.

그다음에는 기술 부서만이 아닌 마케팅, 재무, 영업 등 다양한 부서의 핵심 인재들을 모아 AI 전사 위원회를 구성해야 한다. 여기서 중요한 포인트는 위원회의 의장을 기술 책임자가 아니라 비즈니스 성과를 책임지는 현업 리더가 맡아야 한다는 점이다. 이는 AI 전환이 기술 부서만의 프로젝트가 아닌 전사적인 가치 창출 활동임을 처음부터 모든 구성원에게 각인시키는 상징적 조치가 될 것이다. 이어서 위원회와 함께 워크숍을 열어 남들이 하니까 한다는 식의 막연한 불안감이 아니라 기업의 핵심 비즈니스 목표와 명확하게 연결된 모두의 가슴을

뛰게 하는 설득력 있는 AI 비전을 수립하는 것이 이 단계의 최종 목표다.

문화의 씨앗 뿌리기(31~60일)

이 기간에는 새로운 문화를 조직이라는 밭에 심어야 한다. 거창한 구호가 아닌, 작은 성공과 상징적인 행동을 통해 변화의 바람을 일으켜야 한다. 먼저 규모는 작지만 많은 것을 배울 수 있는 AI 파일럿 프로젝트 하나를 선정해 즉시 시작해야 한다. 그리고 이 프로젝트의 공식적 목표는 '확실한 ROI 달성'이 아니라 '값진 학습 경험 확보'임을 모든 구성원에게 공개적으로 선언해야 한다. 이는 실패를 용인하고 도전을 장려하는 문화를 구축해 심리적 안정감을 조성하겠다는 리더의 강력하고 명확한 신호가 될 것이다.

동시에 비즈니스 부서에서 호기심이 많고 소통 능력이 뛰어난 인재 2~3명을 발굴해 이 파일럿 프로젝트에 참여시켜 첫 번째 오케스트레이터를 발굴해야 한다. 기술팀과 현업 부서 사이를 오가며 회의록을 작성하고 서로의 언어를 전달하는 역할만 맡겨도 좋다. 이들이 바로 미래의 혁신을 이끌 씨앗이 될 것이다. 이와 함께 전사 타운홀 미팅이나 설명회를 열어 첫 달에 수립한 AI 비전을 모든 직원과 공유하며 소통해야 한다. AI

도입의 목표와 기대 효과뿐 아니라 과정의 불확실성에 대해서도 솔직하게 이야기하고 AI가 일자리를 빼앗는 대체재가 아니라 인간의 역량을 강화하는 파트너임을 강조해야 한다. 회사가 직원의 역량 강화를 위해 적극적으로 투자할 것임을 약속함으로써 직원들이 지닌 일자리 상실에 대한 두려움을 정면으로 돌파하고 신뢰를 얻어야 한다.

추진력 확보하기(61~90일)

이 기간은 첫 실험의 학습을 조직의 자산으로 만들고 이를 바탕으로 더 큰 변화를 위한 추진력을 확보하는 시간이다. '우리는 2주간의 실험을 통해 무엇을 배웠는가?' 파일럿 프로젝트의 결과를 담당 팀과 함께 공개적으로 리뷰하는 자리를 만들어 성공 여부와 관계없이 조직이 학습한 것에 모든 초점을 맞춰야 한다. 그리고 그 학습의 가치를 리더가 직접 나서 공개적으로 칭찬하고 축하해주어야 한다. 실패를 부끄러운 것이 아닌 조직의 소중한 자산으로 여기는 새로운 문화 의식을 만드는 것이다.

다음으로 조직 내 인재들의 현재 기술 수준과 잠재력을 빠르게 진단해 인재 지도를 그리고 육성 전략이 어디부터 시작되어야 하는지 파악해야 한다. 가장 시급하게 채워야 할 기술 격차를 파악하고 이를 해소하기 위한 첫 번째 업스킬링 프로그램의 윤곽을 잡아야 한다. 이후 지난 90일 간의 경험과 학습을 바탕으로 AI 전사 위원회와 함께 향후 12개월간의 AI 로드맵 초안을 작성하며 마무리한다. 이때 주의할 점은, 로드맵이 하나로 뭉뚱그린 계획이 아니라 다음 분기에 실행할 3~5개의 새로운 소규모 실험 포트폴리오를 담고 있어야 한다.

AI 네이티브 기업으로

90일 계획의 가장 중요한 결과물은 멋진 AI 솔루션이나 두꺼운 보고서가 아니다. 바로 선례를 만드는 것이다. 계획을 성공적으로 실행함으로써 리더는 조직이 앞으로 어떻게 혁신을 추진할 것인지에 대한 새로운 방식을 몸소 보여준다. 부서 간 벽을 허물고 거창한 계획 대신 구체적인 가설을 기반으로 움직이며 실패를 용납하고 학습하는 새로운 업무 방식은 중요한 선례가 된다. 첫 90일은 혁신이라는 거대하고 무거운 플라이휠을 온 힘을 다해 힘겹게 돌리는 첫 바퀴다. 한번 움직이기 시작한 플라이휠은 점차 가속도가 붙어 마침내 그 누구도 막을 수 없는 강력한 혁신의 동력이 되어 조직을 진정한 AI 네이티브 기업으로 이끌어줄 것이다. 이제 바로 시작할 시간이다.

리더는 예언가가 아니라 탐험가

지금까지 AI라는 기술 자체보다 그 기술을 둘러싼 조직을 근본적으로 변화시키려는 리더의 역할과 책임에 관해 이야기했다. AX의 성공이 그저 뛰어난 기술을 도입한 프로젝트의 성공이 아니라 조직 전체를 끊임없이 학습하고 진화하는 시스템으로 만든 과정의 성공임을 확인했다. 리더는 정답을 아는 결정론적 지휘관에서 올바른 질문을 던지는 확률론적 코치로 거듭나야 함을 이해했다. 또한 조직 구조 역시 초기의 중앙집중형에서 출발해 궁극적으로는 중앙의 효율성과 현장의 민첩성을 결합한 하이브리드형으로 진화해야 함을 살펴보았다. 그리고 이 모든 것을 가능하게 하는 것은 결국 사람이며 내부 인재를 육성하고 외부 전문가를 영입하며 파트너와 협력하는 유연한 인재 전략과, 기술과 현업을 잇는 AI 오케스트레이터의 중요성을 체득했다.

이 모든 전략은 '실험'이라는 단어로 요약할 수 있을 것이다. AI 시대의 리더는 모든 답을 아는 예언가가 아니라 미지의 세계를 향해 떠나는 탐험대의 선장이다. 완벽한 지도는 존재하지 않고 오직 나침반(비전)과 작은 보트들(소규모 실험), 그리고 어떤 파도(실패)에도 좌절하지 않는 동료들(조직)이 있을 뿐이다.

AX라는 거대한 항해는 한 번의 거대한 투자나 결정으로 이뤄지지 않는다. 그것은 오늘 당장 시작할 수 있는 작은 질문, 작은 실험, 그리고 실패로부터 얻은 작은 배움 들이 모여 만들어내는 위대한 변화다. 조직을 AI 팩토리 너머 스스로 가치를 창출하고 진화하는 풍요로운 가치의 열대우림으로 가꿀 여정의 첫걸음을 뗄 준비가 되었는가? 미래는 예측하는 것이 아니라 만들어가는 것이다.

기술 너머 미래를 설계하며

책의 첫 장을 열었던 숨 막히는 정적이 흐르는 그 회의실 풍경을 다시 떠올려 본다. "그래서 이 AI를 믿을 수 있습니까?" 기술적 완벽성에 대한 우리의 자부심이 냉정한 현실의 질문 앞에서 한순간에 무너져 내렸던 그 순간 말이다. 그날 내가 목격했던 것은 자칫 AI 시스템의 한계로 보일 법했으나 그것은 눈부신 기술의 가능성과 치열한 현실의 비즈니스 사이에 놓인 아찔할 정도로 깊고 어두운 협곡이었다.

이 책을 쓰는 내내 머릿속에는 그 협곡을 건너지 못하고 추락한 수많은 프로젝트의 잔상과 그럼에도 불구하고 용감하게 건널 다리를 만들어 마침내 반대편에 도달한 사람들의 얼굴

이 교차했다. 이 책은 그 협곡 위에서 내가 보고 듣고 느꼈던 것들에 대한 솔직한 기록이다. 한편으로 기술의 화려함에 취해 길을 잃었던 과거의 나를 돌아보는 반성문이자 비슷한 고민을 안고 밤잠을 설치고 있을 이 땅의 모든 리더와 실무자에게 건네고 싶었던 작은 위로와 응원의 편지이기도 하다.

우리는 AI라는 단어 앞에서 종종 두 가지 극단적인 감정에 휩싸인다. 하나는 모든 것을 해결해줄 것이라는 막연한 유토피아적 기대감이고 다른 하나는 우리의 일자리를 빼앗고 인간성을 위협할 것이라는 디스토피아적 공포다. 하지만 지난 수년간 현장에서 배운 가장 중요한 교훈은 AI의 진짜 모습은 두 가지 극단 어디에도 있지 않다는 것이다.

AI 시대의 리더에게 주어진 진정한 과제는 더 똑똑한 기계를 만드는 기술적 도전이 아니라 그 강력한 도구를 가지고 어떤 미래를 만들 것인가에 대한 철학적, 인간적 질문에 답하는 것이라고 믿는다. 우리는 AI를 통해 무엇을 자동화할 것인가를 넘어 자동화를 통해 확보한 인간의 시간을 어디에 쓸 것인가를 물어야 한다. AI가 어떤 결정을 내리게 할 것인가를 넘어 그 결정의 최종 책임은 누가 어떻게 져야 하는가를 고민해야 한다.

'작은 시작'을 강조한 이유는 거대한 기술적 담론에 파묻

히기 전에 우리가 해결해야 할 가장 현실적인 '사람의 고통'이 무엇인지 먼저 찾자는 제안이었다. ROI와 KPI를 그토록 집요하게 이야기했던 이유는 AI의 가치가 기술적 성능이 아닌 인간의 삶과 비즈니스에 실질적 기여도로 측정되어야 함을 잊지 말자는 다짐이었다. 변화 관리를 마지막 퍼즐로 제시한 이유는 뛰어난 알고리즘도 결국 사람의 마음을 얻지 못하면 한 줄 쓸모없는 코드로 전락하고 만다는 사실을 뼈저리게 느꼈기 때문이다.

이제 몇 년 후 또 다른 회의실 풍경을 상상해본다. 그곳에서는 더 이상 인간이 AI를 의심하고 두려워하거나 기분 나쁜 긴장감이 흐르거나 하지 않는다. 대신 법무팀 변호사와 법률 에이전틱 AI가 한 팀이 되어 스크린을 보며 열띤 토론을 벌인다. AI는 수백만 건의 판례를 분석해 인간이 놓칠 수 있는 미세한 리스크를 찾아내고 변호사는 그 분석 결과를 바탕으로 고객에게 가장 유리하고 창의적인 협상 전략을 도출한다. 그들의 관계는 주종이나 경쟁이 아닌 서로의 강점을 극대화하는 완벽한 협업의 모습을 보여준다. AI는 지루하고 반복적인 법률 검토 작업에서 인간을 해방시켰고 인간은 그 시간에 더 높은 수준의 전략적 판단과 윤리적 고민에 집중한다.

미래는 저절로 오지 않는다. 누군가의 의도적인 설계와

용기 있는 실행을 통해 만들어진다. AI 시대의 진정한 리더는 코드를 짜는 사람이 아니라 인간과 AI의 새로운 협업 모델을 설계하고 그 과정에서 발생할 수많은 갈등을 조율하며 조직 전체가 새롭게 일하는 방식을 배우고 성장하도록 이끄는 조직 설계자이자 문화 디자이너다.

AI 시대, 리더의 어깨 위에 놓인 책임의 무게를 잘 안다. 그러나 책임은 무게이기보다 가장 위대하게 날 수 있는 날개가 될 수도 있다. 자신에게 주어진 가장 흥미로운 기회임을 알아야 한다. 리더의 결정 하나, 리더가 시작하는 작은 실험 하나가 조직의 미래와 그 안에서 살아가는 수많은 동료의 일과 삶의 의미를 바꿀 수 있기 때문이다.

부디 두려워하지 말고 조직의 가장 아픈 곳을 해결하는 작지만 의미 있는 첫걸음을 내딛기를 바란다. 미래는 예측하는 것이 아니라 함께 만들어가는 것이다. 그 위대한 여정에 이 책이 작은 등불이 될 수 있다면 나에게는 더 바랄 것 없는 기쁨이 겠다.

서론

1 Stanford University Institute for Human-Centered Artificial Intelligence (HAI), "Artificial Intelligence Index Report 2024", 2024.4.15.

2 IBM, "Global AI Adoption Index 2023", 2023.

3 McKinsey & Company, "The state of AI in 2023: Generative AI's breakout year", 2023.8.1.

4 McKinsey & Company, "The state of AI in 2024: AI-powered, cloud-enabled, and data-rich", 2024.6.11.

5 Stanford University Institute for Human-Centered Artificial Intelligence (HAI), "Artificial Intelligence Index Report 2024", 2024.4.15.

6 S & P Global Market Intelligence, "The Gold Rush Is On, but the Tools for Enterprise AI Are a Work in Progress", 2024.6.13.

7 RAND Corporation, "Why AI Projects Fail", 2025.4.10.

8 MIT Technology Review, "Why 95% of generative AI pilots fail", 2024.7.23.

9 Boston Consulting Group, "Where's the Value in AI?", 2024.10. https://media-publications.bcg.com/BCG-Wheres-the-Value-in-AI.pdf(검색일: 2025년 11월 15일)

10 Boston Consulting Group, "AI at Work in 2024: Friend and Foe", 2024.2; "From Potential to Profit with GenAI", 2024.2.

11 SnapLogic, "The State of Data & AI", 2024.

1장　　실패의 해부학

1 Kasra Ravari, "How GE's Predix IIoT Platform Failed", IoT For All, 2020.10.26; Genevieve Pelow & Robert D. Austin, "Digital Transformation at GE: What Went Wrong?", Ivey Publishing/Harvard Business Review Store, 2019.9.13.

2 Bain & Company, "GE's digital transformation: What went wrong", 2020.2.13.

3 Civil Resolution Tribunal of British Columbia, "Moffatt v. Air Canada, 2024 CRT 149", 2024.2.14.

4 Accenture, "The art of AI maturity: Advancing from practice to performance", 2022.5.24.

5 STAT News, "IBM's Watson supercomputer recommended 'unsafe and incorrect' cancer treatments, internal documents show", 2018.7.25.

6 IEEE Spectrum, "How IBM Watson Overpromised and Underdelivered on AI Health Care", 2019.4.2.

7 PwC, "2024 AI Business Survey: AI ambitions accelerate, but ROI eludes many", 2024.1.15.

8 SnapLogic, "The State of Data & AI", 2024.

9 Reuters, "Amazon scraps secret AI recruiting tool that showed bias against women", 2018.10.10.

10 Will Parker & Nicole Friedman, "Zillow Quits Home−Flipping Business, Cites Inability to Forecast Prices", *The Wall Street Journal*, 2021.11.2.

11 The Verge, "Microsoft silences its new AI chatbot Tay, after Twitter users teach it racism", 2016.3.24.

2장   AX 플레이북

1 Eric Ries, *The Lean Startup*, Crown Pub, 2011.

2 Gartner, "Gartner 2019 CIO Survey Shows Digital Transformation Is Not a Once−Off Project" 2019.5.22.

3 Forbes, "Why Your AI Strategy Needs An Ecosystem−First Approach", 2024.2.21.

4 S. Ransbotham, S. Khodabandeh, R. Fehling, B. LaFountain, & D. Kiron, "Winning With AI", MIT Sloan Management Review and Boston Consulting Group, 2019.10.15. https://sloanreview.mit.edu/projects/winning−with−ai/(검색일: 2025년 11월 15일)

5 Microsoft, "More perfect Cheetos: How PepsiCo is using Microsoft's Project Bonsai to raise the (snack) bar", Microsoft AI Blog, 2020.12.17. https://blogs.microsoft.com/ai/(검색일: 2025년 11월 15일)

6 McKinsey & Company, "The state of AI in 2023: Generative AI's

breakout year", 2023.8.1.

7 Menlo Security, "Tackling the Threat of Shadow Generative AI", 2023.

8 McKinsey & Company, "Three new mandates for leaders in the age of AI", 2024.4.25.

9 Gartner, "Gartner Identifies the Top 10 Strategic Technology Trends for 2024", 2023.10.16. https://www.gartner.com/en/newsroom/press-releases/2023-10-16-gartner-identifies-the-top-10-strategic-technology-trends-for-2024(검색일: 2025년 11월 15일)

10 S & P Global Market Intelligence, "AI and Machine Learning Deployment Grows, but Challenges Remain", 2022.8.24.

11 Zhamak Dehghani, "How to Move Beyond a Monolithic Data Lake to a Distributed Data Mesh", 2019.5.20. https://martinfowler.com/articles/data-monolith-to-mesh.html(검색일: 2025년 11월 15일) 데이터를 제품으로 간주하는 '데이터 메시(data mesh)' 개념을 창시한 엔지니어가 직접 기고한 글로, 해당 개념의 사실상 원전이다. 마틴파울러 웹사이트(MartinFowler.com)에서 누구나 무료로 전문을 읽을 수 있다.

12 John P. Kotter, *Leading Change*, Harvard Business School Press, 1996.

13 World Economic Forum, "The Future of Jobs Report 2023", 2023.5.1. https://www.weforum.org/publications/the-future-of-jobs-report-2023/(검색일: 2025년 11월 15일)

14 Netflix Technology Blog, "Metaflow: A Unified API for Data Scientists", 2019년 12월 4일. https://netflixtechblog.com/metaflow-a-unified-api-for-data-scientists-and-engineers-cd6268846741(검색일: 2025년 11월 15일)

15 World Economic Forum, "Unilever's Tinsukia factory in India joins the Global Lighthouse Network", 2022년 10월 11일. https://www.weforum.org/agenda/2022/10/unilever-s-tinsukia-factory-in-india-joins-the-global-lighthouse-network/(검색일: 2025년 11월 15일)

16 World Economic Forum, "Global Lighthouse Network". https://www.weforum.org/projects/global_lighthouse_network/(검색일: 2025년 11월 15일)

17 JPMorgan Chase & Co., "2024 Investor Day Presentation", 2024.5.20.

3장　　지속 가능한 AX를 위한 실행 도구

1　Gartner, "Hype Cycle for Generative AI, 2023", 2023. https://www.gartner.com/en/articles/what-s-new-in-the-2023-gartner-hype-cycle-for-emerging-technologies(검색일: 2025년 11월 15일)

2　Deloitte, "State of AI in the Enterprise, 5th Edition", 2022.

3　Boston Consulting Group, "Winning with AI: Pioneers Reimagine the Enterprise", 2021. 이 보고서는 AI 도입 전략을 'deploy', 'deepen', 'reshape' 등으로 분류하고 각 단계의 잠재적 가치를 논의한다.

4　McKinsey Global Institute, "The economic potential of generative AI: The next productivity frontier", 2023. 이 보고서는 산업별 AI 도입에 따른 비용 절감 및 생산성 향상 잠재력을 상세히 분석한다.

5　Dynamic Yield, "Case Study: How a global sportswear brand achieved a 49x ROI with personalization".

6　IDC, "Future of Intelligence: The Journey to Enterprise-Level AI", 2022.

7　Robert S. Kaplan & David P. Norton, "The Balanced Scorecard: Translating Strategy into Action", Harvard Business School Press, 1996.

8　Zendesk, "CX Trends 2023 Report", 2023.

9　McKinsey & Company, "The human-centered AI organization", 2022. 이 보고서는 성공적인 AI 전환을 위해 기술뿐만 아니라 인적, 조직적 요소가 중요함을 강조한다.

10　Edelman, "2023 Trust Barometer Special Report: Trust and AI", 2023. 이 보고서는 AI에 대한 직원들의 불안감과 저항에 대한 통계를 제공한다.

11　John P. Kotter, *Leading Change*, Harvard Business Review Press, 2012.

12　Satya Nadella, *Hit Refresh: The Quest to Rediscover Microsoft's Soul and Imagine a Better Future for Everyone*, Harper Business, 2017.

13　AXA Group, "AXA accelerates on GenAI with its own secure platform, AXA Secure GPT", 2023.

14　Boston Consulting Group, "AI at Work: What's Real, What's Not", 2023. 이 보고서는 리더십의 지원이 AI에 대한 직원 태도에 미치는 영향을 분석한다.

15　Uniper, "Shaping the energy evolution: Uniper's digital transformation journey". 유니퍼 공식 홈페이지(www.uniper.energy)의 디지털 전환 관련 섹션 및 관련 보도자료에서 볼 수 있다.

16 마이크로소프트 홈페이지(customers.microsoft.com). 셸과 에넬은 마이크로소프트의 AI 및 클라우드 솔루션을 활용한 대표적인 에너지 산업 고객 성공 사례다.

17 Accenture, "The Ecosystem Equation: Thriving in a world of partnerships", 2023.

18 Schaffrik, Dr. Bernhard, et al., "Forrester Case Study: How Siemens Reinvented Its Business Model for the Digital Age", 2025.9.10.

19 Siemens, "Siemens Xcelerator – The open digital business platform", 2022.

20 Siemens & NVIDIA, "Siemens and NVIDIA to enable industrial metaverse", 2022.

21 Siemens, "How the BMW Group is leveraging the industrial metaverse", 2023.

22 EthonAI, "Siemens Partnership". 에톤AI 홈페이지(ethon.ai).

23 Prewave, "Siemens Partnership". 프리웨이브 홈페이지(www.prewave.com).

4장　　AX 시대에서 반드시 알아야 할 트렌드

1 SuperAGI, "The Future of Work: How Autonomous AI Agents Will Transform Enterprise Operations by 2028", 2025.6.18. https://superagi.com/the-future-of-work-how-autonomous-ai-agents-will-transform-enterprise-operations-by-2028/(검색일: 2025년 11월 15일)

2 Gartner, "AI TRiSM(AI Trust, Risk, and Security Management) Market Guide", 2025.2.27.

3 Precedence Research, "Multimodal AI Market Size to Hit USD 42.38 Billion by 2034", 2025; Market Research Future, "Multimodal AI Market Size | Industry Report, 2025-2034", 2025. https://www.marketresearchfuture.com/reports/multimodal-ai-market-22520(검색일: 2025년 11월 15일)

4 Gartner, "2025 Hype Cycle for Data Center Infrastructure

Technologies", 2025.8.30.

5 Digital One Agency, Averroes.AI, Google Research & Multimodal.
dev, "How Multimodal AI Is Redefining Business Strategy, Customer
Experience, and Growth", 2025. https://www.designrush.com/agency/
ai-companies/trends/multimodal-ai-models(검색일: 2025년 11월 15일)

6 Google Research, "'AMIE (Articulate Medical Intelligence Explorer)' at
Google I/O 2025". https://research.google/blog/google-research-at-
google-io-2025/(검색일: 2025년 11월 15일)

7 Gerber, Nina, et al., "Explaining the privacy paradox: A systematic
review of literature investigating privacy attitude and behavior",
Computers & Security, Vol. 77, 2018, pp.26-261.

8 ModelOp, "AI Governance Unwrapped: Insights from 2024 and Goals
for 2025". https://www.modelop.com/good-decisions-series/ai-
governance-unwrapped-insights-from-2024-and-goals-for-2025(검
색일: 2025년 11월 15일)

9 IBM Morning Consult Study, "More Companies Turning to Open-Source
AI Tools to Unlock ROI", 2024.12. https://newsroom.ibm.com/2024-
12-19-IBM-Study-More-Companies-Turning-to-Open-Source-AI-
Tools-to-Unlock-ROI(검색일: 2025년 11월 15일)

10 NIST, "AI Risk Management Framework(AI RMF) Version 1.0",
2023.1.26. https://www.nist.gov/itl/ai-risk-management-
framework(검색일: 2025년 11월 15일)

11 EU, "Regulation (EU) 2024/1689 (AI Act)". https://eur-lex.europa.eu/
legal-content/EN/TXT/?uri=CELEX%3A32024R1689(검색일: 2025년 11
월 15일) EU는 2024년 7월 12일 AI 법을 공표했다.

5장   AX 리더십 및 조직 설계

1 Google, "re:Work Guide: Understand team effectiveness", 2015.11.17;
Julia Rozovsky, "The five keys to a successful Google team", Google
re:Work Blog, 2015.11.17. 이 연구는 2012년부터 2년간 180개 이상의 구글
팀을 분석했다.

2 Gallup, "State of the Global Workplace: 2023 Report". https://www.

gallup.com/workplace/349484/state-of-the-global-workplace.aspx(검색일: 2025년 11월 15일)

3 Amy C. Edmondson, *The Fearless Organization: Creating Psychological Safety in the Workplace for Learning, Innovation, and Growth*, Wiley, 2018.

4 McKinsey & Company, "Scaling AI: Keys to success in the enterprise", 2019.

5 IBM Institute for Business Value, "The C-suite's guide to AI", 2021.

6 The White House, "Executive Order on the Safe, Secure, and Trustworthy Development and Use of Artificial Intelligence", 2023.10.30

7 Laurie J. Bassi & Daniel P. McMurrer, "A New Look at the Impact of Training", Association for Talent Development(ATD), 2001.

8 LinkedIn Learning, "2018 Workplace Learning Report", 2018. https://learning.linkedin.com/resources/workplace-learning-report-2018(검색일: 2025년 11월 15일)

9 Boston Consulting Group, "The Urgent Need to Upskill", 2021.

10 SHRM(Society for Human Resource Management), "Understanding and Reducing Employee Turnover", 2022.

11 Pluralsight, "2021 State of Upskilling Report", 2021.